도요타
배우기

TOYOTA NO "KAIZEN DENDOUSHI" GA GENBA O YOMIGAERASERU
ⓒ AIICHIROU MIZUSHIMA 2004

Originally published in Japan in 2004 by NIPPON JITSUGYO PUBLISHING CO., LTD.
Korean translation rights arranged through TOHAN CORPORATION, TOKYO
and BOOKCOSMOS, SEOUL.

이 책의 한국어 판 저작권은 **TOHAN CORPORATION**과 **북코스모스**를 통한
저작권자와의 독점 계약으로 리드리드출판에 있습니다. 신저작권법에 의해
한국 내에서 보호를 받는 저작물이므로 무단전재와 복제를 금합니다.

국립중앙도서관 출판시도서목록(CIP)

도요타 배우기 : 현장 지도의 사례로 배우는 도요타 생산방식의 힘 /
미즈시마 아이이치로 지음 ; 박승현 옮김. -- 서울 : 리드리드,
2006
   P. ;   cm.

ISBN 8972772402 13320 : ₩10,000

325.1-KDC4
658.401-DDC21   CIP2006002105

도요타 배우기

현장 지도의 사례로 배우는
도요타 생산방식의 힘

미즈시마 아이이치로 지음   박승현 옮김

리드리드출판

머리말

　연결 베이스로 판매액 17조 엔, 영업이익 1조 6천6백억 엔, 순이익 1조 1천6백억 엔이라는 일본 제조업의 최고 이익을 계속해서 갈아치우고 있는 도요타 자동차는, 세계 시장 속에서도 2004년 말에는 700만대의 판매 대수를 돌파할 기세다. 지금은 사실상 세계 제2위의 자동차 기업으로 우뚝 올라선 도요타이지만 그 도요타의 초고수익 체제를 오랫동안 지탱해 준 것은, '저스트 인 타임(JIT:Just in Time)'(①후공정 인수 방식 ②공정의 흐름화 ③필요한 수로 택트를 결정한다는 3대 기본 원칙에서 이루어지는 표준 생산 체제)과 '사람 인(人)변이 붙은 자동화(自働化:인간의 지혜를 부여한 기계화)' —— 이 두 기둥으로 이루어지는 '도요타 생산방식'이다.
　"마른 수건을 그대로 두면 습기를 머금어 가는데 그 습기라고 하는 '낭비'까지도 완전히 짜낸다."라고 할 정도로 철저한 도요타 생산방식은 단순한 '탁상공론'이 아니다. 그것은 도요타가 50여 년 전에 직면했던 도산 위기의 아수라장 속에서 깨달은 하나의 위대한 '현장의 실학(實學)'이었다.

　전후(戰後)의 혼란이 계속되던 1950년, 닷지(Dodge) 디플레이션의 대불황의 직격탄을 맞은 당시의 도요타 자동차공업에서는 미증유의 노동쟁의가 발생하여 생산은 중지되었고, 공장은 재고 더미가 산을 쌓고 있었다. 당시, 도요타 가(家)의 2대째인 도요타 기이치로 사장은 회사의 존속을 위해 고뇌의 결단을 내려 사원 해고를 단행하고 자신도 사장직을 내놓음으로써 노동쟁의의 수습을 도모했다. 한편, 일본은행 나고야 지사의 호소로 당시의 미츠이(三井)은행(현, 스미토모은행)과 도카이(東海)은행(현, UFJ은행) 등이 협조 융자팀을 결성하여 도산 직전이었던 도요타를 재정적인 면에서 구제는 해 주었지만 그 융자 조건이 "주문받은 자동차보다 더 많이 생산해서는 안 된다."라는 매우 엄격한 조건이었다.

　그 도산의 위기는 도요타에 재고 절감의 중요성을 깨우치게 해 "필요한 것을 필요한 때에 필요한 만큼만 만든다."라는 도요타식 물건 만들기의 원류를 탄생시켰다. 그것을 1970년대 후반, 오노 다이치 전 도요타 자동차공업 부사장이 '도요타 생산방식'으로 체계화하였다.

　'도요타 생산방식'은 지금까지 GM과 보잉을 비롯해 소니,

NEC, 캐논이라는 국내외 일류 기업에 도입되는 한편, 2003년 4월에 공사화된 우정공사와 방위청에서도 적극적으로 받아들였다. 특히, 2005년 2월 17일 완공 예정이었던 중부 국제공항 건설에 '도요타 생산방식' 도입으로 처음 예산 7,680억 엔이었던 것을 무려 1,300억 엔이나 절감시키는 데 성공한 이야기는 유명하다.

그 '도요타 생산방식'을 널리 일반 제조 현장까지 보급시킬 목적으로 도요타와 리쿠르트가 2002년 4월에 손잡고 설립한 회사(도요타 51%, 리쿠르트 49%)가 '(주) OJT 솔루션즈'이다. OJT 솔루션즈라는 회사 이름은 'On the Job Training Solutions'로 현지 현물의 개선 활동으로 문제 해결(솔루션)을 도모한다는 의미이다. 설립한 지 2년 반 된 현재까지 OJT 솔루션즈의 개선 활동을 도입한 기업은 50여 사(社)에 이르며, 그 대부분의 회사 모두 본업에서의 수익을 나타내는 영업이익이 두 자리 수 이상 나오는 실적을 올리고 있다. 닛케이신문(日經新聞)과 TV아사히(朝日)의 '선데이 프로젝트'에도 크게 소개되어, 현재 그 OJT 솔루션즈사에 개선 의뢰 신청이 끊이지 않고 뒤를 잇고 있다. 도대체 OJT 솔루션즈는 고객 기업의 제조 현장에서 무엇을 어떻게 바꾸고 있는 것일까?

본서는 OJT 솔루션즈의 간부와 현장 트레이너들과의 긴 면담을 통해 고객 기업인 개선 현장에서 얻은 방대한 취재 자료를 바탕으로 그 소박한 의문을 밝히는 것을 목표로 삼았다. 그렇기 때문에 현재 서점에서 흔하게 널려 있는 '도요타 생산방식' 그 자체를 해설한 이론서와는 분명한 선을 긋고 있다.

도요타의 생산 현장에서 40년 가까이 경험을 쌓은 '개선의 전도사들'이 어떻게 일본 제조업 현장을 되살려 왔는지 그 개선 활동의 비밀을 캐내는 데 주안점을 두었다.

취재를 통해서 얻은 결론은 '도요타 생산방식'의 이론만 따르는 것, 즉 "형태만 도요타를 흉내 내서는 진정한 개선 효과를 내기 어렵다."라는 것이다. 고객 기업의 현장 속에서 땀범벅이 되어 개선을 지도하는 OJT 솔루션즈 트레이너들의 '사람 인(人)변이 붙은 개선 지도'가 있었기에 비로소 현장 작업자, 중간 관리자 나아가 경영자의 의식을 바꾸어 놓아 제조 현장을 되살릴 수 있었다는 것을 다시 한 번 깨달을 수 있었다.

그러한 '개선 전도사들'의 열정으로 지금 '도요타 생산방식'의 DNA가 개선 현장 구석구석까지 스며들어 각 기업의 독자적인 생산방식으로 바뀌어 새롭게 태어나기 시작했다. 도요타와 리쿠르트, 이른바 일본 기업이 자랑하는 최강의 하드웨어와 소프트웨어가 융합된 '사상 최강의 개선 프로젝트'의 전체 과정에서 물건 만들기의 옛 명성을 되찾고자 하는 힘찬 발걸음을 느낄 수 있다면 필자로서 이보다 더한 기쁨은 없을 것이다.

2004년 9월
미즈시마 아이이치로

차 례

머리말

프롤로그

도요타의 '선택받은 전도사들'이 생산 현장을 바꾸다 —— 19

- 그것은 리쿠르트의 사내 응모 기획에서 시작되었다
- 강력 태그 – 도요타 생산방식 + 리쿠르트 인재육성방식
- 도요타 생산방식의 '전도사' 집단 'OJT 솔루션즈'의 탄생
- 도요타 외길 40년-숙련된 인재를 활용하라!
- 도요타와 리쿠르트의 세 가지 공통점
- 도요타 출신 트레이너들의 당혹감과 망설임
- 엄한 아버지(OJ) 같은 가정교사(T)가 왔다

1장 전도사의 개선 활동을 뒤따르다

1. 개선 활동의 진행 —— 41
- 현장 진단과 솔루션 제안으로 문제점 파악
- 구성원의 전임화에 감춰진 커다란 노림수

2. 식품이나 자동차나 제조 현장은 똑같다 —— 47
- 현장의 좋고 나쁜 점이 한눈에
- 경영자가 열의를 갖지 않으면 현장은 조금도 바뀌지 않는다

3. 개선의 장애물을 하나하나 찾아내라 —— 52
- 노르매(강제적 목표)가 없는 것만큼 편안한 일은 없다
- 개혁을 저해하는 중간 관리직의 의식을 바꿔라

4. 당연한 일을 당연히 하는 것이 개선이다 —— 57
- 공장장 교체! 라는 강수를 두다
- 의욕이 있는 여성을 프로젝트 구성원으로 등용
- 다른 공장으로의 개선 파급 효과
- 개선의 마음에 불을 붙여라

2장　전설적인 전도사들의 탄생

1. 전도사의 긍지와 고민 —— 67
- 매일 매일의 기능 향상을 숙련된 트레이너에게도 부여하다
- 바람직한 모습의 실현에 대한 고민과 격차
- 새, 곤충, 물고기 – 세 가지 시각이 중요

2. 다른 컨설턴트와 무엇이 다른가 —— 74
- 트레이너들의 불만
- 트레이너들에게 필요한 요소
- 도요타 생산방식의 강요만으로는 성공할 수 없다
- 개선 정보 교환의 장

3. 고객과의 틈을 어떻게 좁힐 것인가 —— 81
- 고객 만족 설문 조사로 솔직한 의견이 되돌아왔다!
- 고객 사례 비디오로 성공 사례를 보여 준다
- 3개월 동안 스스로 생각하는 능력을 기른다

차례

4. 프로젝트 성패의 분기점 —— 87
- 리뷰 & 피드백의 실천
- 최종 목표와 6개월 후의 현실적인 목표의 차이를 인식하게 한다
- OJT 솔루션즈는 종합병원이 아닌 전문 의원
- 좋은 물건 만들기 이전에 좋은 사람 만들기

3장 최강의 현장 진단 양식으로 문제점을 찾아내라

1. 사상 최강 440항목의 현장 진단 양식 —— 95
- 현장의 문제점을 찾아내는 도구의 탄생
- 현장 밀착형과 전임 구성원제로 개선 효과를 노린다
- 지시받기 전에 먼저 나서라!

2. 현장 진단 양식의 절대적인 위력 —— 100
- 낭비를 낭비라고 생각하지 않는 잘못된 사내 풍조를 개선하라
- 모르는 것은 약이 아니라 죄!

3. 바람직한 모습으로 가기 위한 문제점 조사 —— 105
- 지향하는 목표는?
- 현장의 강점과 약점을 먼저 현장 진단 양식으로 파악
- 솔루션 제안서에 나타난 현장의 약점

4장 생산 관리의 현장을 철저히 개선하라

1. 생산 관리야말로 가장 중요한 틀 —— 117
- 표준이 정해져 있는가, 실행되고 있는가?

- 표준 작업의 책정은 관리 감독자의 책임이다
- 택트 타임은 낭비를 제거하는 기본 시간
- 작업 순서는 낭비를 제거하는 작업의 규칙(rule)
- 표준 재공은 공정 내의 최소한의 재고
- 풀 워크 시스템은 사람 인(人)변 붙은 자립 제어 기능

2. 생산 관리에서 중요한 것은 세 가지
표준 도표 —— 125
- 표준 작업 조합표란?
- 표준 작업표란? – 오른손으로 결정했다면 왼손을 써서는 안 된다
- 작업 요령서의 성패가 프로젝트 성공의 열쇠를 쥔다
- 공수 관리는 생산 관리표로
- 인공(人工) 추구로 적정 인원 배치

3. 사람과 기계를 어떻게 조합시킬 것인가? —— 136
- 붙박이 점검으로 낭비의 동태 파악–고작 1초, 그러나 엄청난 1초
- 정보의 시각화가 사고를 미연에 방지

4. 간판 방식을 철저히 하기 위해서는 —— 139
- 후공정 인수의 목적 – 효율을 높이는 풀(pull) 생산
- 생산의 산을 평평하게 하자. 품목마다의 산을 줄이자
- 1개 흘리기가 재고를 압축한다
- 기종 교체의 적합·부적합이 차를 크게 벌린다
- 외(外) 기종 교체로 성공하려면—간단한 것이 최고!

차 례

5. 빈발 정지 대책 —— 144
- 기계에서 발생하는 문제는 기계를 세워서 대처하라
- 급하면 기계를 세워라

5장 도입해 보면 알 수 있는 경이적인 도요타식 품질 관리

1. 철저한 품질 관리는 개선 활동의 기본 —— 149
- 역경을 딛고 일어선 도요타 품질 관리
- 품질 기준을 표준화한다

2. 작업 요령서의 도입으로 작업자마다의 산포를 해소 —— 152
- 감과 요령의 시각화를 작업 요령서로
- 대기업도 뛰어든 작업 요령서
- 도입해 보면 알 수 있는 작업 요령서의 편리함

3. 보는 것이 아닌 관찰하는 것으로 문제점 발견 —— 156
- '본다'와 '관찰한다'의 큰 차이
- '5번의 왜'로 문제점을 현재화한다

4. 품질을 공정 내에서 만들어 넣어라
   - 도요타식 공정 품질 관리 —— 162
   - 도요타에서는 한 사람 한 사람 다 '검사원'을 겸한다
   - 풀 푸르프(Fool Proof : 실수 방지 장치) 시스템으로 불량품을 미리 막아서 품질 의식을 높인다

5. 무엇이 그 기업의 중요 공정인가? —— 166
   - 중요 공정 관리란?
   - 불량품의 발생을 숨겨서는 안 된다

6. 1그램의 무게가 공장 전체를 개선한다 —— 171
   - 제품 비율 대책

6장 원가 관리의 개선이 생산 효율이 높은 기업을 만든다

1. 가격을 결정하는 것은 고객이다
   - 도요타식 원가의 개념 —— 175
   - 원가는 역산해서 구하라
   - 총비용 관리는 각 부서 단위로 관리하라
   - 경영자의 빗나간 인식의 벽

2. 한 개의 제품에 몇 초 걸렸나?
   - 철저한 공수 관리 —— 182
   - 식품 회사의 인시생산식수

차 례

3. 철저한 원가 관리를 위해서 ── 186
- 원가 관리와 개선 활동
- 원가 관리 항목의 시각화가 효과를 발휘한다

4. 재고 관리도 원가 관리의 중요한 개선 항목 ── 190
- 왜, 이곳에 재고가 이렇게 쌓였는가?
- 원료 직배 릴레이 방식의 놀랄 만한 재고 줄이기 효과
- 300톤의 재고를 압축

5. 원가 절감 활동에 임한다 ── 196
- 무엇이 낭비고, 무엇이 낭비가 아닌가?
- 생인화(省人化)로 비용을 들이지 않고도 새로운 이익을
- 전원 참여형의 원가 절감 활동
- 철저한 원가 의식

7장 현장 관리의 벽을 제거한다

1. 인사 관리는 개인별 능력표를 작성하는 것부터 ── 205
- 무엇이 가능해야 반장이 될 수 있는가?를 미리 정해 둔다
- 과장은 큰 계장이 되어서는 안 된다
- 개인별 능력표는 능력을 표시한 도표
- 과장의 소임은 부하 직원을 키우는 일
- 다능공(多能工)으로 육성하는 비결

2. 현장과 현장 밖 쌍두마차로 —— 211
- 온 더 잡 트레이닝을 하고 있는가?
- 오프 더 잡 트레이닝을 하고 있는가?

3. 보이지 않는 벽을 제거하면 개선은 진전된다 —— 213
- 계층과 직장 간의 의사소통은 원활한가?
- 하나의 벽이 생산성 저하의 걸림돌이었다!
- 벽을 제거했더니 보이지 않는 벽도 사라졌다
- 트레이너들이 남기고 간 개선의 DNA

에필로그

도요타 생산방식을 뛰어넘는 날 —— 219
- 개선 의뢰 쇄도로 '저스트 인 타임(JIT)'으로 대응하지 못하다?
- 금융기관까지 개선을 의뢰
- 다른 금융기관도 도입 검토를 시작하다
- OJTS 개선 방식이 영업 활동에 엄청난 변혁을
- OJTS가 도요타 생산방식을 뛰어넘다

맺음말 —— 229
인간의 지혜는 무한하다. 하나하나의 문제점을 해결하면서 장애물을 높여 간다

Prologue

도요타의
'선택받은 전도사들'이
생산 현장을 바꾸다

그것은 리쿠르트의 사내 응모 기획에서 시작되었다

1999년 리쿠르트의 사내에서 'NEW-RING'이라는 신규 사업 대회가 열렸다. 그 사내 대회에 당시 나고야 지사에 근무하는 영업 담당인 나카오 아츠시와 기무라 히데유키 두 사람은 하나의 사업 프로젝트를 공동으로 작성해서 응모했다. 결과는 1차 예선에 통과도 못 해보고 맥없이 탈락할 위기에 놓여 있었다. 그러나 그 프로젝트의 가능성에 눈길을 준 남자가 있었다. 당시 리쿠르트의 관리 부문을 담당하고 있던 세키 이치로 이사였다. 세키는 곧바로 나카오와 기무라 두 사람을 도쿄 본사로 불렀다.

"자네들이 사내 대회에 응모한 프로젝트에 대해 할 얘기가 있으니 곧바로 도쿄로 와 주게."

세키는 두 사람을 만나자마자 짐짓 화부터 벌컥 냈다.

"바보들 같으니, 자네들 뭐 하고 있는 건가! 내 말이 무슨 말인지 알기나 하나? 이런 엄청난 사업 기획안은 내일부터 당장 자네 두 사람의 업무로서 책임지기 바란다. 알았나?"

그렇게 그 '사업 프로젝트'는 리쿠르트 나고야 지사를 중심으로 정식으로 시작되었다. 나카오는 당시를 이렇게 회고한다.

"그때, 우리 리쿠르트에서 보자면 도요타는 정말로 굉장한 회사로 보였습니다. 그 굉장함이란 '사람의 지혜와 기술'에 의지한 '인재 만들기'가 도요타의 힘의 원천으로 계속 남아 있을 수 있다는 것이었습니다. 그래서 그 사고방식과 비결을 통째로 서비스할 수 있다면 매우 재미있는 사업이 되지 않을까라는 생각을 했었죠."

기무라는 어떠했을까.

"리쿠르트 나고야 지사에서 도요타의 영업을 담당하고 있어서 개인적으로 '도요타 생산방식'에는 흥미가 있었습니다. 당시, 도요타에서는 그룹 전체를 대상으로 하는 신규 사업으로 교육 관련 사업에 착수하고자 했었습니다. 거기에 때맞추어 뭔가 사업 기획을 제안할 만한 것이 없을까 하고 생각하던 차에 나카오와 함께 사내 제안 제도에 같이 응모하자는 데 합의를 본 거죠."

리쿠르트는 당시 관리 부문 담당인 세키를 중심으로 사내 조직의 대폭적인 재검토에 착수하고 있었다. 예전의 1980년대에는 아르바이트 사원을 많이 채용해 평균 연령 20대를 자랑하던 젊은 인재 정보 기업집단이었던 리쿠르트도 점점 정사원 수가 아르바이트를 웃도는 역전 현상으로 말미암아 매년 치솟아 오르는 인건비가 경영을 압박하고 있었다. 나아가 거품경제 붕괴와 '리쿠르트 사건'의 이중 펀치로 경영의 근본적인 개혁을 요구받고 있었다.

그러나 리쿠르트의 활력은 잃지 않았다. 창업 경영자인 에조에 히로마사 체제로부터 바뀐 신체제하에서 새로운 정보 산업 관련 사업 프로젝트로 특화시켜 갔던 리쿠르트는, 거품경제 시기의 관련 사업 투자가 만들어 낸 1조 수천억 엔 이상의 원리금 중에서 매년 1,000억 엔 이상 계속해서 갚아 오고 있었다.

은행에 채권 포기나 채무의 주식화를 요구하고 자금 융통의 어려움을 회사 갱생법과 민사 재생법의 적용을 교묘하게 이용해서 해결하려는 풍조가 만연하는 오늘날, 본업인 영업수익으로 착실하게 빚을 갚아 온 리쿠르트의 경영 자세는 높이 평가받을 만하다.

강력 태그 – 도요타 생산방식 + 리쿠르트 인재육성방식

한편, 도요타는 무차입 경영으로 2조 엔 가까운 운전 자금을 보유, 통칭 '도요타 은행'이라 불릴 정도로 재무 기반이 탄탄한 기업이다. 어느 리쿠르트 담당 간부는 "실업(實業) 도요타와 허업(虛業) 리쿠르트가 공동 사업을 하리라고는 정말로 생각하지 못했었다."라고 본심을 털어놓았지만, 사실 도요타 측에서는 리쿠르트는 매년 1,000억 엔 정도의 원리금을 갚아 가고 있는 대단한 기업이라는 인식이 있었다. 그리하여 세계 최강의 자동차 기업과 일본 최대의 인재 정보 기업의 최초의 공동 프로젝트가 시작되었다.

일찍이 리쿠르트의 우수 영업사원으로서 수차례 표창을 받고, 후에 관리 부문의 책임자로서 리쿠르트의 조직 개혁의 선두에 서 있던 세키는 나고야 지사의 나카오와 기무라가 제안한 도요타와의 신규 사업 프로젝트를 보고 "리쿠르트의 인재육성방식과 도요타의 생산방식이 접목되면 대단한 사업이 될 것이다!"라고 직감했다. 그렇게 해서 나고야 지사의 젊은 사원이 생각해 낸 사업 계획은 그 즉시 도요타 본사의 인사부로 전달되었다. 도요타는 당시, 인사부를 중심으로 '스킬드 파트너 제도(Skilled Partner System. 재고용 제도)'를 만들어 60세로 정년을 맞는 사원의 인재 활용 문제를 한창 다루기 시작한 시점이었다. 정년퇴직한 우수한 직원의 재고용처를 찾고 있었던 것이다. 그러던 차에 리쿠르트에서 제안한 공동 사업은 도요타에 그야말로 적시 적소에 찾아온 딱 들어맞는 사업 제안이었다. 때문에 리쿠르트와 도요타 간의 공동 사업에 대한 기본 합의가 이루어지기까지는 그리 긴 시간은 필요 없었다.

도요타 생산방식의 '전도사' 집단 'OJT 솔루션즈'의 탄생

새 회사 설립은 2002년 4월로 결정되었다. 자본금 2억5천만 엔으로 도요타가 51%, 리쿠르트가 49%를 출자하였다. 경영진은, 사장은 도요타의 상무급에서 영입하고 전무는 양쪽에서 한명씩 보내기로 합의했다. 새 회사의 정식 명칭은 '(주) 오제이티 솔루션즈(OJTS)'로 결정했다.

OJT 솔루션즈란, "On the Job Training의 약어로 현지 현물주의의 개선 활동으로 제조 현장의 문제 해결(솔루션)을 도모한다."라는 의미이다. OJT 솔루션즈는 사업 내용과 설립 취지를 다음과 같이 설명하고 있다.

"도요타 자동차의 '물건 만들기 현장'의 비결과 리쿠르트의 '인재육성 서비스'의 비결을 활용해서 여러 기업의 제조 현장에서 생산성 향상의 핵심이 되는 인재를 지원한다. 구체적으로는 경험이 풍부한 트레이너가 고객이 되는 기업의 현장에서 OJT(직장 내 교육)를 통해서, 현장의 핵심이 되는 인재의 과제 해결 능력 향상을 도모한다. 서비스는 단순한 생산성 향상만 지원하는 데 그치는 것이 아니라, 고객 기업의 인재의 자립적인 활동을 촉진함으로써 지속적인 생산성 향상을 강력하게 이루어 내는 '물건 만들기 현장'을 실현하는 데 있다."

OJT 솔루션즈가 지향하는 개선 활동의 방향은 인재육성을 세로축, 생산성 향상을 가로축으로 하는 것이다(26쪽 참조). 좀 더 구체적으로는 시대의 변화에 강력히 대응할 수 있는 물건 만들기 현장을 지향하는 기업을 설정함과 동시에 미래의 변화에도 자립적으로 대응할 수 있는 인재의 육성도 지향한다. 또한 이상적인 '바람직한 모습'의 비교를 통해 현장을 진단하여, 각각의 기업에 맞는 과제를 설정해 나가면서 과제 발견과 그에 따른 해결책을 고객 기업의 핵심이 되는 인재에게 전수해 나간다. 즉, 생산과 인재의 양쪽에서 현장의 상황에 맞는 OJT를 해 나간다는 것이 OJT 솔루션즈가 지향하는 목표이다.

초대 사장에는 도요타의 상무이사 겸임 기노시타 미츠오의 취임을 시작으로, 2대 마츠하라 아키오, 3대 하타 다카시, 4대 이지치 다카히코 등 전부 도요타 출신의 상무이사가 뒤를 잇고 있다. 실무 부문은, 도요타 출신의 개선 담당 우미이네 요시미츠와 리쿠르트 출신의 영업 담당 우에바타 히로다카 두 전무가 분담하고, 이를 이사인 혼다 히로유키(리쿠르트 상무)와 감사인 미야자키 나오키(도요타 인사부장)가 뒷받침해 주고 있다.

이 공동 사업의 발안자의 한 사람인 나카오는 그 뒤, 같은 발안자 중의 한 사람인 기무라와 함께 OJT 솔루션즈의 설립에 처음부터 관여하였고, 현재 그 회사 영업의 중추 부서에서 일하고

▶ 개선 활동의 방향

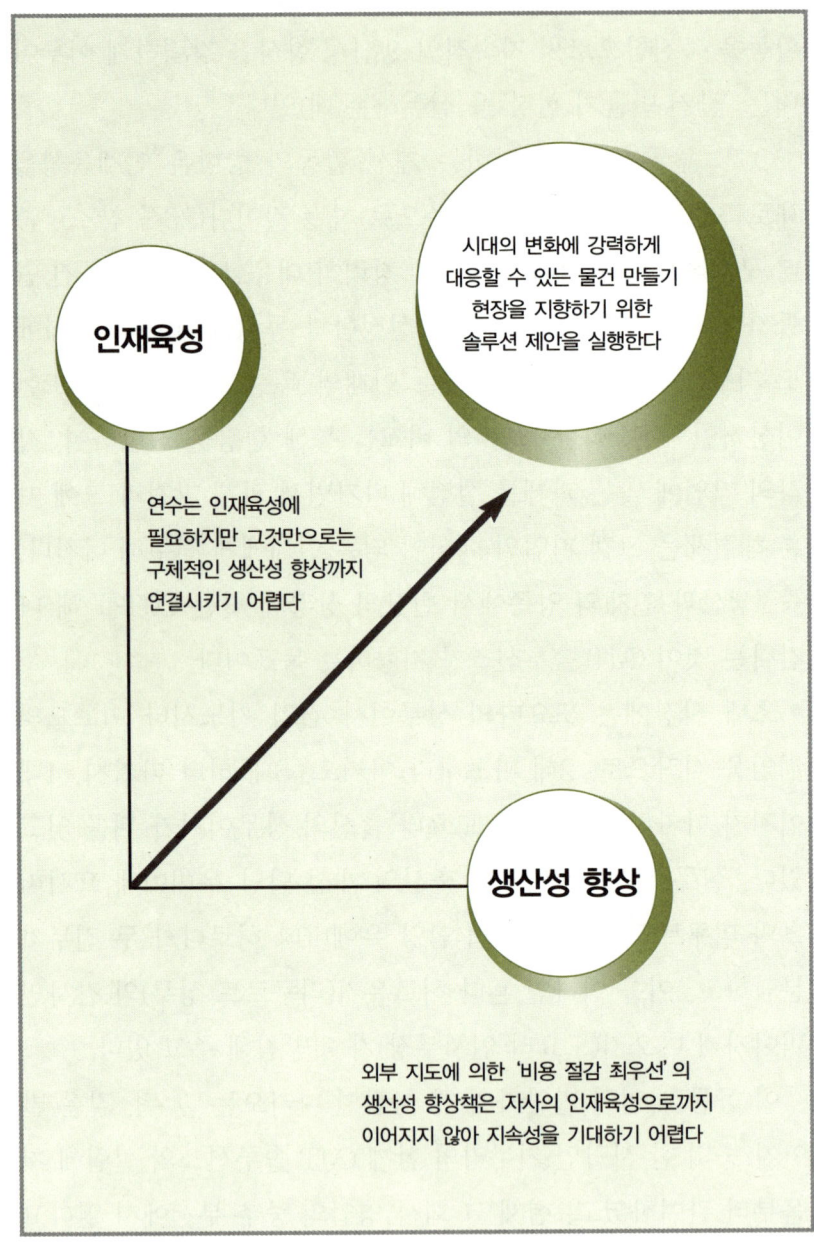

있다.

　나카오는 맨 처음 이 서비스를 생각했을 때, 도요타가 축적해 온 비결이 다른 기업의 요구에 얼마만큼 부응할까 하는 점까지는 미처 생각해 놓았던 것은 아니었다. 그저 도요타의 생산 현장에서 40년간 일해 온 사람들이니까 세상의 다양한 요구에 맞는 컨설팅이 가능하지 않을까? 라고 막연하게 생각하고 있었다. 예비 조사를 시작 한 것은, 2002년 4월 OJT 솔루션즈를 설립하기 1년 반 전이었지만 실제로는 그 2년 전부터 사업 검토를 하고 있었다.

　나카오는 그때, 제조업 기능직의 기술이 어떤지 몇 가지 가설을 세워 놓고 조사해 보았는데 확실히 도요타의 기술이 다른 데보다 한 수 위라는 것을 알았다. 다른 회사의 기술은, 예컨대 정교한 손 기술을 요구하는 선반을 다루게 해서 전자현미경의 정밀도를 살펴본바 모두 4개의 계층 수준을 나타낸 것에 비해 도요타는 4개 계층보다 한 계층 더 높은 수준을 보여주고 있다. 그래서 나카오는 실제로 이 OJT 솔루션즈를 시작 할 때는 모든 것이 거의 가능하지 않을까? 하고 생각하고 있었다.

　한편, 같은 리쿠르트에서 OJT 솔루션즈로 입사 한 우에바타 히로다카는 현재 전무이사로서 OJT 솔루션즈의 영업과 서비스 부문의 최고 책임자로 활약하고 있다. 우에바타는 현지 대학 출신이다. 대학 동창생 대부분이 당시의 도요타 자동차공업에 취직했었기 때문에 우에바타는 리쿠르트에 입사하자 현지의 폭넓은 인맥을 기대해 '도요타과(課)'에 배속된 이후 줄곧 도요타 담당으로 실무를 쌓아 왔다.

그 후, 어느 상장 기업의 인사 담당 임원으로 발탁되어 리쿠르트를 떠난 우에바타에게 OJT 솔루션즈의 창시자이자 리쿠르트 이사인 세키로부터 연락이 왔다. "우에바타 씨, 이번에 도요타와 재미있는 사업을 시작하기로 하였는데 어떤가, 함께 해 보지 않겠는가?"

우에바타는 순간 "이것, 엄청난 사업이겠구나!"라는 것을 직감했다. 도요타의 생산 관리와 현장의 강점인 '간판 방식과 개선'이라고 하는 핵심 비결을 다른 기업에 전수한다는 것은 참으로 신선하면서 또한 일본 경제의 부활에 이바지할 수 있지 않을까? 세키의 이야기를 듣고 우에바타는 그런 생각이 들었다.

전직한 회사가 있는 도쿄에 거처를 마련했던 우에바타였지만 결심을 굳히고 그 회사를 나와 가족들과 떨어져 나고야까지 단신 부임하면서까지 OJT 솔루션즈의 설립에 처음부터 관여했다.

도요타 외길 40년-숙련된 인재를 활용하라!

한편, 도요타 측에서는 실제로 현장의 개선 활동을 지도하는 트레이너를 관리하는 담당자로서 자사 출신의 나카무라 다케츠구를 선정했다. 현재, OJT 솔루션즈의 수석 트레이너로서 전국 고객 기업의 최전선을 뛰어다니고 있는 나카무라는 OJT 솔루션즈의 모든 트레이너들을 움직이는 최전방 지휘관이다.

나카무라는 1963년 도요타 모토마치 공장 기계 부서에 처음 배속된 지 5년 뒤에 신설된 미요시 공장으로 이동하고 나서는

40년간 생산 현장에서만 줄곧 한 우물을 파며 일해 왔다.

그동안 나카무라는 회사에 개선을 제안하는 '창의 연구 제안 제도'에서 도요타 사상 10회라는 최다 표창을 받는 등, 실로 도요타 생산방식의 '전도사'로 불리기에 조금도 손색이 없는 업적을 남겼다. 그런 나카무라가 도요타와 리쿠르트의 새로운 공동 회사 설립 준비에 관여하게 된 것은, 60세의 정년을 바로 코앞에 둔 2001년의 일이었다.

당시, 리쿠르트는 도요타에 "우수한 도요타의 인재가 60세의 정년으로 퇴직하는 것은 아깝다. 우리와 함께 도요타 생산방식으로 숙련된 인재를 활용해 보면 어떻겠는가?"라는 의견을 제시했고 또 마침 도요타 측도 OJT 솔루션즈 설립을 향해 본격적인 준비 단계에 들어가려던 참이었다.

그때, 나카무라한테 "현장에서 어떻게 해야 하는지 그 바람직을 제대로 알고 있고 평생 그곳에서 일해 온 사람이 도요타 안에는 많이 있다. 그런 사람들을 유효하게 활용하는 장(場)을 만들고 싶다."라는 말을 건넸다. 나카무라가 "어떻게 할 것인가?"라고 물으니, "도요타의 현장에서 쌓아 온 비결과 현장 관리 감독 경영이라는 것을 활용하고 싶다."라는 답이 돌아왔다.

당시, 도요타는 사내의 스킬드 파트너 제도라고 하는 것이 완성되어 가고 있는 중으로, 60세 이상의 기능과 노하우를 갖춘 인재를 직장에서 재고용하려는 움직임이 일고 있었다.

나카무라가 특히 흥미를 느꼈던 것은 그 사업 내용이었다. OJT 솔루션즈의 사업 내용은 한마디로 컨설턴트적인 일이다.

하지만, 기존의 컨설턴트와의 차이는 도요타의 비결을 활용하여 현장 개혁과 생산 개혁을 한다는 점이다. 그러려면 그 현장의 물건 만들기와 사람의 활용법을 알기 위해 뭔가 기준을 만들어 수치화할 필요가 있었다. 나카무라는 그 점에 흥미를 보였다. 기존의 컨설턴트와 전혀 다른 양상을 띠는 것 같아 흔쾌히 받아들였다.

OJT 솔루션즈의 도요타 출신의 마츠하라 아키오 전 사장은 현재는 도요타의 인사 담당 전무로 있지만 OJT 솔루션즈 사장 시절 "그 일은 도요타 단독으로는 절대로 불가능했었다. 리쿠르트와의 공동 협력으로 시너지 효과가 생겼다. 그것을 잊어서는 안 된다."라고 힘주어 말하고 있다. 리쿠르트의 사업 제안으로 시작한 OJT 솔루션즈였지만, 본래 도요타 인사 전략 사업의 일환으로서 설립된 성격이 강하다. 그만큼 도요타로서도 리쿠르트와의 공동 사업이 실패로 끝나면 안 되는 절체절명의 것이었다.

2003년 3월에 열린 도요타 자동차 창업 50주년 기념식에서 '물건 만들기'를 주제로 인사를 시작한 조 후지오 도요타 자동차 사장은 전 사원 앞에서 OJT 솔루션즈에 대한 기대감을 나타냈는데, 그 OJT 솔루션즈 사업에 대해서 필자가 조 후지오 사장에게 질문했을 때 다음과 같은 답변이 돌아왔다.

"현재, 주요 관련 회사 약 50개 사 가운데 40개 사 이상이 흑자가 났다는 보고가 부사장 회의에서 있었습니다. OJT 솔루션즈도 도요타가 매우 기대하고 있는 회사 중의 하나입니다."

리쿠르트와 공동으로 시작된 OJT 솔루션즈는 지금은 도요타의 신규 사업의 기대주로 우뚝 서 있다. OJT 솔루션즈의 리쿠르트 출신인 우에바타 전무도 이렇게 덧붙인다.

"도요타와 리쿠르트는 서로 다른 문화를 가지고 있었지만, 각기 가지고 있는 독특한 특성을 살려서 하나의 서비스로 전개해 간다는 데 큰 의미가 있습니다. 반대로 동질이라면 거기까지 갈 수 없었다고 생각합니다."

도요타와 리쿠르트의 세 가지 공통점

어느 리쿠르트의 간부는 'OJT 솔루션즈는 실업(實業)인 도요타와 허업(虛業)인 리쿠르트의 결정체'라고 표현하지만, 바꾸어 말하면 '하드웨어 도요타와 소프트웨어 리쿠르트의 상승효과'라고도 말할 수 있다. 그러나 전혀 별다른 업종으로 보이는 그 도요타와 리쿠르트에 세 가지 공통점이 있다.

첫째, 인재육성이다. 두 회사 모두 인재육성에는 투자를 아끼지 않으며 인재를 매우 소중하게 여기는 기업 풍토가 있다. 특히 리쿠르트는 인재 사업과 관련되어 있는 만큼, "사람이 회사를 바꿔 간다. 회사가 바뀌면 사회가 바뀐다."라는 사고방식이 경영의 밑바닥에 뿌리내려 있다. 한편, 도요타도 기본 이념으로 명문화된 '도요타 방식(TOYOTA WAY) 2001'에 지혜와 개선, 인간성 존중 이 두 가지를 기둥으로 하는 〈기업 헌법〉을 제정했다. 즉, '물건 만들기에 앞서 사람 만들기'라고 하는 것이 도요타 방식의 저변에 깔린 개념이었다.

둘째, 목표 달성 의욕이다. 두 회사 모두 경영자부터 부(部)와 과(課)에 이르기까지 세부적으로 달성해야 할 목표치를 내걸고 끊임없이 개선해 나가면서 전 조직이 하나가 되어 목표 달성이 이루어지도록 노력하고 있다.

OJT 솔루션즈의 현장 개선의 목표도 이러한 목표 달성 의식을 고객 기업의 현장에 접목하는 것에서 시작된다. 목표가 없는 것만큼 편안한 일은 없기 때문이다. 바꿔 말하면 장기간의 경제 침체에 고통받아 왔던 일본 제조업에 가장 부족한 부분이 바로 이 목표 달성 의식이라 할 수 있다.

셋째, 개선 의욕이다. 도요타는 매일같이 '개선'에 착수하였고, 리쿠르트는 매일 비능률적인 설비를 폐기(scrap)하고, 이를 고능률의 신예 설비로 대체(build)하는 스크랩 앤드 빌드(Scrap and Build)에 도전하였다. OJT 솔루션즈는, 리쿠르트는 기업 경영자와 접촉하면서 고객 기업을 개척하고, 도요타는 도요타 생산방식을 접목하여 생산 현장을 철저히 개선해 나가는 식으로 분명하게 두 회사 간의 할 일을 구분 지었다.

개선 의욕을 높이기 위해서는 현실에 만족하지 않고 끊임없이 문제점과 낭비를 제거하고자 하는 자세가 필요하다. 특히, 도요타 사원은 개선으로 말미암은 생산 효율에 효과가 있다는 것을 몸으로 체득하고 있다. 요컨대, 생산 효율을 높이기 위해 최신식 설비와 기계를 도입하는 것이 아니라 가장 먼저 낭비를 없애고, 지혜를 모아 문제 해결을 위해 노력한다. 리쿠르트의 스크랩 앤드 빌드도 늘 새로운 아이디어를 생각해 내고 그에 따라서 경영

체제와 조직을 유연하게 바꾸어 가는 것을 목표로 하고 있다.

재미있는 것은 도요타의 자동차 생산이라고 하는 하드웨어 사업을 뒷받침해 주고 있는 것은 세계 최강의 '도요타 생산방식'이라고 하는 소프트웨어 시스템이며, 인재 정보 왕국을 뒷받침해 주고 있는 리쿠르트의 독자적인 소프트웨어 사업을 움직이고 있는 것은 고객 기업의 이면까지 속속들이 파헤치고 있는 '회사 문턱 드나들기 영업'에서 얻은 착실한 하드웨어 정보의 축적이다.

그 하드웨어와 소프트웨어의 편성 방법은 달라도 하드웨어와 소프트웨어의 융합을 경영 자원으로써 충분히 활용하고 있는 것이 도요타와 리쿠르트 두 회사의 공통된 요소라고 할 수 있다. 서로 다른 업종인 도요타와 리쿠르트가 그 공통 요소를 기본으로 상승효과를 발휘하면서 제조 현장을 개선해 나가는 그것이 OJT 솔루션즈에 부여된 기업 사명이었다.

도요타 출신 트레이너들의 당혹감과 망설임

OJT 솔루션즈 설립 당시의 고생을 리쿠르트 출신인 우에바타 전무는 이렇게 회고한다.

"회사를 설립할 때 트레이너가 10명도 채 되지 않는 상태에서 시작했습니다. 2003년 4월부터 지금까지 4회(현 시점에서는 5회)에 걸쳐 트레이너 전원이 참가하는 연수 기회가 있어 그곳에서 그룹 회의를 했는데, 각자의 생각이 너무 판이했습니다. 트레이너들은 지금까지 도요타라고 하는 공장 현장에서 물건만 만들어 왔지 직접 고객을 대한 경험이 없었습니다. 그런 그들한테 프로젝트를 시작했을 초기에는 '고객의 관점'이라곤 전혀 없었습니다.

당시에는 리쿠르트 영업사원만 그것을 깨닫고 있었지만 지금은 그때와 반대로 현장의 도요타 트레이너들 모두 바뀌었습니다. '고객이 무엇을 요구하는지, 고객의 요구 범위가 어디까지인지'라는 질문은 초기의 트레이너에게는 전혀 없었지만 지금은 트레이너들 모두 그런 질문들을 하게 되었습니다. 도요타 출신 트레이너들의 변화되어 가는 모습은 정말로 대단한 것이라 생각합니다."

도요타에서 40년 가까이 개선 활동에 종사해 왔던 트레이너들은 중간 관리직이라고는 해도 그 밑에 부하 직원을 수백 명씩 두고 있었던 사람들이었다.

거의 중소기업의 경영자와 맞먹는 규모의 조직을 움직이고 있었던 경영 리더라고도 할 수 있다. 그러한 트레이너들도 초기에는 OJT 솔루션즈의 일을 하면서 당혹감과 망설임이 있었다. 트레이너들은 초기에는 도요타 안에서 자신들이 해 온 일이 얼마나 큰 가치를 지니고 있는지 전혀 인식하지 못하고 있었다. 도요타에서는 당연한 일을 당연히 해 왔다는 식의 의식만 갖고 있는 그들에게 "바로 그것이 진정한 가치다."라고 우에바타 전무는 피력했지만, 초기에는 그것을 전혀 깨닫지 못하는 듯했다. 하지만, 실제로 트레이너로서 현장에 가서 현장이 크게 바뀌어 가고 아울러 경영자가 기뻐하고 또 업무가 개선되어

가는 모습을 보고 나서 그제야 자신들이 대단한 일을 했다는 것을 실감했다.

최종 보고회에서 고객으로부터 "고맙습니다."라는 그 인사 한마디는 그동안의 피로를 싹 가시게 하는 청량제라고 우에바타 전무는 말한다.

엄한 아버지(OJ) 같은 가정교사(T)가 왔다

재미있는 것은 트레이너들은 고객 기업의 사람들에게 OJT라고 하는 머리글자를 따서 '오야지(OJ)(오야지는 일본어로 아버지라는 뜻: 옮긴이) 같은 트레이너(T)' 라는 애칭으로 불리고 있다. 그 트레이너의 T는 가정교사의 티처(T)라고 하는 의미도 있는 듯하다. 다른 컨설팅 회사의 개선 지도가 강의 중심의 '학원 강사' 라고 한다면 OJT 솔루션즈의 개선 지도는 현장에 파고들어가 지도하는 일대일 '가정교사' 와 같은 것이다.

확실히, 고객 기업에 OJT 솔루션즈의 트레이너들은 학교 교사가 아니라 '손을 뻗으면 닿을 만큼 가까이 있는 오야지(OJ)' 이다. '아버지의 등' 이라는 말이 있는데 그야말로 그 등을 보고 개선의 기술을 뺏어 오는 사제 관계라 할 수 있다.

실제로 최근 집계한 프로젝트의 고객 설문 조사에 의하면 "무엇이 좋았는가?"라는 질문에 "오야지(아버지)의 등을 보고 배웠다."라는 말이 나온다고 한다. 트레이너들의 일에 대한 한결같은 자세와 40년의 무게가 그들의 등 자락에서 고스란히 배어 나오고 있는 것이다. "우리도 그렇게 되고 싶다."라는 감상도

▶ OJT 솔루션즈 지도로 큰 성과를 올린 주 고객 기업의 업종 리스트
(매출 수백억 엔 규모의 상장 기업이 중심)

회사명	업 종
A사	전기기기
B사	플라스틱기기
C사	공작기계
D사	금속부품
E사	사무용품
F사	전문상사
G사	물류기기
H사	식품
I사	섬유
J사	인쇄
K사	약품
L사	반도체
M사	의료기기
N사	자동차부품
O사	금융

■ 각사에 공통되는 전형적인 과제

① 재고 절감을 위한 추진 방법의 재검토
② 기종 교체 시간의 단축
③ 소인화·생인화(생산량에 따른 인원 배치의 체제 구축)
④ 빈발 정지의 원인 파악과 계속적인 절감 활동의 추진
⑤ 표준류 정비에 의한 작업 표준화

매출·영업이익 모두 두 자리 수의 증수증익(增收增益)을 달성!

주: 고객 기업과의 비밀 보호 의무계약에 의해 사명, 본사 소재지 매출액 등 기업을 특정할 수 있는 정보 제외함

많았다고 한다.

그 "손을 뻗으면 닿을 듯한……."이라고 하는 점에 진정한 OJT 솔루션즈 개선 활동의 힌트가 내포되어 있는 것 같다. 실제로 도요타에서 온 트레이너들은 초일류 사원이 아닌 단지 회사 경력이 40여 년에 이르는 지극히 평범한 중간 관리직들뿐이다.

그러나 도요타의 그 지극히 평범한 트레이너들이 다른 제조 현장으로 가면 '대단한 사람'이 된다. 그들은 그저 도요타 생산 방식을 일방적으로 강의하는 명강사가 아니라, '다정다감하면서도 장인 기질의 완고한 오야지'라는 표현이 딱 들어맞을 정도로 일에 대한 열정으로 똘똘 뭉친 우직한 사람들이다.

고객 기업에서의 개선 활동은 통상 도요타 출신 트레이너 두 사람과 리쿠르트 출신의 영업사원 한 사람이 3인 1조로 편성된다. 리쿠르트 출신의 영업사원은 현장의 개선 활동에서 튀어나오는 여러 문제점을 고객 기업의 경영자에게 보고하고, 그 개선 계획의 세밀한 검토와 조정자의 구실을 한다.

60세에 가까운 도요타 출신의 트레이너 두 사람과 30대 중반의 리쿠르트 출신의 영업사원으로 이루어진 조(組)야말로 바로 '아버지와 아들'과 같은 모습을 띤 공동 프로젝트이다. 이 절묘한 편성이 고객 기업인 현장에서 스스럼없는 친숙한 분위기를 자아내고 있는 것이다.

1장

전도사의
개선 활동을 뒤따르다

1. 개선 활동의 진행
2. 식품이나 자동차나 제조 현장은 똑같다
3. 개선의 장애물을 하나하나 찾아내라
4. 당연한 일을 당연히 하는 것이 개선이다

1. 개선 활동의 진행

현장 진단과 솔루션 제안으로 문제점 파악

 2004년 4월로 설립 2년째를 맞이한 OJT 솔루션즈는 도요타 생산방식을 기본으로 한 'OJTS식 개선 지도'를 요청하는 전국의 대형 중소기업으로부터 의뢰가 쇄도하고 있다. 현재까지 의뢰받아 현장의 개선을 한 고객 기업 수는 약 50여 사(社). 그 대부분 매출액이 수십억 엔에서 수백억 엔 규모에 이르는 상장 기업이다.

 OJT 솔루션즈의 현장 개선 활동에 참여하는 사람은 40년 가까이 현장 경험을 쌓아 온 도요타 출신의 트레이너와 그것을 후원하는 리쿠르트 출신의 영업사원들이다. 트레이너들은 개선 기간인 6개월 동안 고객 기업의 공장으로 월요일부터 수요일까지 주 3일간 출근하여 생산 현장 속 깊숙이 들어가서 개선 활동과 인재육성 지도를 일대일로 실시한다. 그러한 트레이너들을 통솔하는 최전선 지휘관이 나카무라 다케츠구 수석 트레이너이다.

 OJT 솔루션즈 본사로 고객의 개선 의뢰가 오면 담당 리쿠르트 출신 영업사원과 함께 나카무라 수석 트레이너가 고객 기업의 경영자를 직접 만나 실제로 개선 지도를 요청하고 있는 현장을 진단한다. 이틀에 걸쳐서 OJT 솔루션즈만의 현장 진단을 위한 440개의 질문 항목을 현장 관리자에게 작성하게 해서 철저한 '현장 진단'을 실시한다. 그 세부적인 자료를 바탕으로 어디

▶ 현장 진단과 솔루션 제안

❶ 고객으로부터의 개선 의뢰

❷ 경영자와 면담(나카무라 수석 트레이너)

❸ 현장 진단(2일간)
440항목

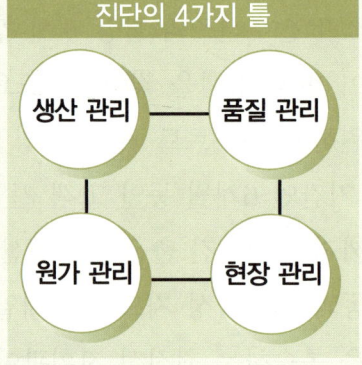

❹ 솔루션의 제안 (개선 제안)
현장 진단 자료를 바탕으로 작성

❺ 6개월간의 개선 활동

를 어떻게 개선해야 좋을지 현장의 문제점을 모두 파악한 뒤 '솔루션 제안'을 한다.

고객 기업은 그 '솔루션 제안'의 보고서를 받아 보고 6개월 간에 걸친 철저한 OJT 솔루션즈의 개선 활동을 받을 것인지의 여부를 최종 결정한다. 받아들이기로 결정하면 OJT 솔루션즈 측에서는 도요타 출신의 전임 트레이너 두 사람과 리쿠르트 출신 영업사원을 파견하여 프로젝트를 수행한다.

기업 진단에 드는 비용은, 이틀간의 현장 진단 비용과 6개월 동안의 개선 프로젝트 비용 두 가지로 나뉜다. 계약 사항과 관련되어 세부적으로 밝힐 수 없지만 유럽의 유명한 컨설팅 기업과 비교해 보면 상당히 저렴하다. 고객 기업의 원가 절감을 지도하면서 값비싼 지도비를 요구할 수는 없기 때문이다.

6개월 동안의 프로젝트 기간에는 매주 3일씩 근무시간 중에 트레이너 두 사람이 생산 현장으로 들어가 현장에서 선발된 프로젝트팀과 일대일로 개선 활동에 돌입한다. 프로젝트팀 리더는 맨 처음 현장 진단 때 OJT 솔루션즈의 나카무라 수석 트레이너의 설문 조사에 응했던 제조 라인의 현장 책임자가 그대로 선임되는 경우가 대부분이다. 프로젝트 구성원은 제조 라인과 관련된 담당 과장과 계장 등 총 10여 명으로 구성된다.

그때 OJT 솔루션즈는 고객 기업에 '프로젝트 구성원의 전임화(專任化)'를 반드시 요구 조건으로 내세운다. 프로젝트 구성원들은 평소 자신의 업무에 종사하고 있다가도 트레이너의 지시가 있으면 언제든지 최우선적으로 개선 활동에 참여하는 것을 회사의 방침으로 정했다. 거기에는 OJT 솔루션즈의 '노림수'가 있었다.

구성원의 전임화에 감춰진 커다란 노림수

일주일의 전반 사흘은 트레이너로부터 개선의 기초 지식을 '이론 교육'을 통해서 받고 그것을 현장에 곧바로 응용한다. 이 기간에 프로젝트에 참여하고 있는 구성원들은 OJT 솔루션즈의 개선 교육을 현장의 그 어떤 다른 일보다 최우선적으로 받아야 한다. 그 때문에 제조 라인을 지키고 있는 것은 평소 상사한테 직접 지시받아 왔던 공장 작업자들뿐이다. 실제로 프로젝트 리더로서 OJT 솔루션즈의 개선 활동에 참여한 적이 있는 어느 과장은, "트레이너가 와 있는 사흘 동안은 트레이너의 지도로 프로젝트에 집중해야 합니다. 그렇지만, 그 사이에도 제조 라인은 움직이고 있습니다. 그래서 처음에는 몸은 프로젝트에 참여하고 있어도 마음은 담당하고 있는 제조 라인 쪽으로 갈 수밖에 없었습니다."라고 말하고 있다.

그러나 시간이 어느 정도 지나고부터는 상황이 달라졌다. 현장에 남은 작업자들끼리 열심히 지혜를 짜내면서 제조 라인을 지켜내고 있는 것이다. 특히, 상사를 대신해 업무를 일임받은 계장이 스스로 책임 의식을 갖고 일을 처리해 나가게 되었다고 한다.

"지위가 사람을 만든다."라는 말이 있다. 상사가 프로젝트에 전적으로 매달려 있어야 하는 사흘 동안, 그때까지 상사의 지시만 기다리며 일하던 현장 작업자 모두가 "힘을 합쳐 제조 라인을 지키자."라고 자각하기 시작했다.

과장이 프로젝트 참여로 자리를 비운 현장에서는 계장이, 계장이 자리를 비운 현장에서는 반장이 제각기 현장에서 통솔력을 발휘하기 시작했다. 사실, 이것이 바로 OJT 솔루션즈의 '노림수'였다.

한편, 트레이너가 없는 주 후반에는 프로젝트에 참여하고 있는 구성원은 평소의 제조 업무로 돌아가되 트레이너가 내 준 '숙제'를 자신의 현장에서 문제 해결의 방법을 찾아내는 '자주적인 개선 활동'에 치중해야 한다.

이미, 제조 라인의 현장에는 책임자가 없는 사이에 자각 의식이 생겼다. 그래서 프로젝트 구성원이 현장에 풀어놓은 '숙제'의 해결 방법을 제조 라인에 종사하는 작업자 모두 함께 생각한다. 그런 훈련을 6개월 동안 수없이 되풀이한다.

개선의 지도와 그에 대한 반복 훈련의 연속이지만 매주 진도는 어김없이 나가고 있다. 그 때문에 휴일에도 공장에 출근하거나, 하루 종일 익숙하지 않은 컴퓨터 앞에 앉아 프로젝트용 자료를 작성하느라 6개월을 꼬박 프로젝트에 몰두한다. 실제로 어느 한 과장은 '남편의 이런 열성적인 모습은 본 적이 없을 정도'라고 아내가 칭찬했다고 한다.

하지만, 그 과장도 처음에는 도요타 생산방식을 그대로 흉내 낸다고 그렇게 간단히 생산성이 올라갈까? 라는 생각이 들었다고 한다. 대부분의 컨설팅 회사가 일방적으로 강의하는 "이렇게 하면 된다."라는 식의 교육은 컨설팅 기간이 끝남과 동시에 잊혀지고 만다. 하지만, OJT 솔루션즈는 강의보다도 스스로 생각하게 하고 직접 해보는 "이렇게 하면 어떻게 될까?"라는 교육이다.

예컨대, OJT 솔루션즈의 트레이너는 결코 "이렇게 하세요."라고 하지 않는다. "이렇게 하면 어떻겠습니까? 이렇게 하면 여기가 개선되어 이렇게 됩니다."라고 그들에게 제안해서 생각하게 한다. 어찌 보면 그것은 너무나 당연한 일이다. 어쨌든 6개월의 교육 기간이 끝나면 자신들의 지혜만으로 현장을 지속적으로 바꿔 나가야 하기 때문이다.

도요타식 개선이란 자신들의 지혜로 문제점을 찾아내서 자체 힘으로 해결해 나가는 것이다. 트레이너들은 현장 작업자들이 자립적으로 개선 활동을 해 나갈 수 있을 때까지의 '촉매' 구실을 하고 있는 것에 지나지 않는다. 개선 활동이라는 '화학반응'을 거쳐서 훌륭한 생산 현장으로 다시 태어나게 하는 것은 바로 현장의 작업자들 자신이다.

2. 식품이나 자동차나 제조 현장은 똑같다

현장의 좋고 나쁜 점이 한눈에

나카무라 수석 트레이너가 지도한 고객 기업 가운데 H사(36쪽 참조)라는 식품 제조업체가 있었다. 그 회사 간부들은 일부러 OJT 솔루션즈가 있는 나고야까지 찾아가 회사 주력 공장의 개선 지도를 직접 신청할 정도로 열의가 대단하였다. 그러나 나카무라는 한순간 망설였다. 자동차 제조 공장의 개선 방식인 도요타 생산방식을 식품 제조 라인에 응용할 수 있을까? 라는 생각이 뇌리를 스쳤기 때문이다.

그도 그럴 것이 그때까지 식품의 제조 공정은 물론이고 누가 무엇을 어떻게 만드는지도 전혀 모르고 있었다. 특히, 나카무라를 포함한 도요타 출신 트레이너들은 똑같은 제조 라인이라 해도 철강으로 자동차를 만드는 것밖에 모른다. 그래서 식품은 만드는 방법 자체가 완전히 다를 것이라고 생각하고 있었다. 하지만, 도요타는 '물건 만들기 이전에 사람 만들기'라는 사고방식이 있다. 그래서 나카무라는 자동차와 식품의 제조 공정의 차이를 따지기 이전에 H사의 사장을 만나 다음과 같이 질문했다.

"주력 공장의 개선 요청을 하셨는데 그 이전에 인재육성에는 어떤 노력을 기울이셨습니까?"

"별다른 인재교육 제도는 없습니다."

나카무라는 "그러면 인재가 육성되지 않을뿐더러 확실하고 좋은 물건을 만드는 것은 불가능합니다. '좋은 물건 만들기는 좋은 사람 만들기'에서 비롯됩니다. 가장 먼저 인재교육 체계를 정비하는 것이 어떻겠습니까?"라고 대답했다.

사장은 머리를 끄덕이면서 "그러면 지금 당장 공장을 살펴봐 주시겠습니까?"라고 나카무라에게 요청했다.

그런 뒤 얼마 후, 나카무라는 사장의 의뢰로 우선 '현장 진단'을 하러 담당 트레이너 두 사람과 함께 H사의 주력 공장을 방문했다. 실제로 식품 공장에 들어선 나카무라는 생산 현장은 자동차나 식품이나 똑같다는 것을 실감했다. 확실히 식품은 나카무라와 담당 트레이너들은 모르는 분야였지만 도요타적인 사고방식으로 사물을 보면 식품 공장의 '무엇이 좋고 나쁜지' 한눈에 들어올 것이라 생각했다.

나카무라는 즉시 주력 제조 라인의 담당 과장에게 자신이 독자적으로 고안해 낸 '현장 진단 양식'을 바탕으로 조사를 했다. 담당 과장한테 "이러이러한 확인 작업은 실시하고 있는가?", "이러이러한 시스템이 있는가?"라는 질문을 예, 아니오. 형식으로 묻는 한편, 더 나아가 "점검은 몇 회 실시하고 있는가?", "작업 시간은 몇 초인가?"라는 식으로 구체적인 자료를 요구했다.

진단 항목은 처음에 33항목으로 시작했지만 그 후 실제로 현장 진단을 거듭해 가면서 필요 사항이 추가되어 현재는 440항목으로 늘어났다.

이와 관련해 나카무라는 본래의 기업 진단 양식을 식품 회사, 약품 회사라고 해서 그 내용을 특별히 바꾼 것은 없다고 한다. H사는 OJT 솔루션즈의 프로젝트가 실행되기 직전까지 5S(정리, 정돈, 청소, 청결, 습관화)를 중점적으로 교육받은 것 같았다. 그러나 그 5S의 효과가 전혀 나타나지 않는 것에 나카무라는 놀랐다. 열심히 교육은 받은 것 같은데 H사 공장인 현장 자체가 배울 준비가 전혀 되어 있지 않은 것이 5S가 정착하지 못한 가장 큰 이유일 것이다.

현장 진단을 한 결과 나카무라의 평가는 매우 엄격했다. 첫째는 사람이 많다는 점을 들 수 있다. 어떤 시간 관리로 물건을 만들어 내고 있는가 하는 '사람과 시간의 관리'가 제대로 이루어지고 있지 않았다. 둘째는 지저분하다는 점. 제조 라인의 기계 밑에는 제품에서 떨어진 부스러기가 산처럼 쌓여 있었다. 그 광경에 나카무라는 할 말을 잃었다. 도저히 5S 활동을 하고 있는 회사라고 생각하기 어려울 정도였다. 셋째는 낭비를 낭비라고 생각하고 있지 않는 점이다. 나카무라는 머리를 감쌌다.

"이것 참 만만치 않겠는 걸······."

경영자가 열의를 갖지 않으면 현장은 조금도 바뀌지 않는다

현장 진단 결과를 OJT 솔루션즈는 '솔루션 제안'이라는 개선을 위한 보고서를 고객 기업의 경영자에게 제출한다. 그때 대부분의 경영자는 "이 제안서는 다른 것과 그리 특별하게 다를 것이 없군요.", "지적한 문제점은 우리도 벌써 파악하고 있습니다.", "짧은 기간에 정리가 참 잘 되었네요."라는 갖가지 반응을 보인다. 하지만, 알고는 있었지만 실행하지 않았을 뿐이라는 경영진의 '변명'에 번번이 부딪히곤 했다.

그 때문에 OJT 솔루션즈의 개선 활동은 경영진의 자세를 바로 세우는 데부터 시작해야 했다. 경영자가 열의를 갖지 않으면 현장은 절대로 바뀌지 않기 때문이다

H사의 사장은, "진단 결과는 우리가 예상했던 바라 그런지 특별히 충격을 받지는 않았습니다. 우리의 말을 듣고 진단한 것이니 예상대로 되는 것은 뻔한 일이잖아요(웃음). OJT 솔루션즈에 기대한 것은 트레이너가 현장으로 들어와서 함께 개선해 나가는 것입니다. 그렇게 트레이너와 함께 개선에 열중하는 동안 관리직이 바뀌기를 기대한 것이죠."라고 말했다.

그러나 가장 먼저 사장 자신부터 바뀌고자 하는 의식이 매우 희박했다. 게다가 사장 자신은 현장에 전혀 발을 들여놓으려고 하지 않는 전형적인 '현장 방임과 방치'를 일삼는 경영자였다. 계속해서 사장은, "지금까지 해 왔던 우리의 개선 활동도 전혀 결과가 없었던 것이 아니라 나름대로 효과는 있었다고 봅니다. 그런데 그게 머리로만 알고 있지 좀처럼 행동으로 이어지지 않고 있습니다. 여러 원인 중 첫째가 현장 작업자들의 위기감 부족이라 생각합니다. 그런데도 다행히 실적은 좋은 편인데, 워낙 우리 지방 사람들의 성향이 느긋해서 그런지 좀처럼 작업자들이 개혁을 적극적으로 받아들이지 않으려는 데 있습니다. 둘째는 실행력 부족입니다. 지금까지의 개선 활동과 책을 통해 현장의 작업자들도 나름의 지식은 충분히 갖추고 있지만 그것을 구체적으로 현장에 접목하기가 어려웠습니다. 그래서 OJT 솔루션즈 트레이너의 지도를 받고자 한 것입니다."라고 말했다.

H사의 사장은 다양한 컨설팅을 도입해 보았지만 개선에 대한 이론에 너무 집착한 나머지 매번 현장과 겉돌기만 했다. 그야말로 '이론 추구형'의 경영자였다.

OJT 솔루션즈의 개선 활동은, 트레이너는 어디까지나 현장의 개선 활동을 활성화하는 '촉매'에 지나지 않는다. 트레이너에게 맡기면 뭐든 잘 될 것이라는 기대감만 갖는 것이 아니라 트레이너의 지식과 경험을 훔쳐서라도 내 것으로 만들고자 하는 적극성이 경영진은 물론 현장에 감돌아야만 개선 활동은 성공할 수 있다.

그래서 현장의 개선 프로젝트를 시작하기 전에 OJT 솔루션즈는 경영자의 의식 개혁부터 시작해야만 했다.

3. 개선의 장애물을 하나하나 찾아내라

노르마(강제적 목표)가 없는 것만큼 편안한 일은 없다

나카무라를 더 고민하게 하는 것은 H사 간부 사원들의 사기와 의욕의 저하였다. 현장의 말단 작업자는 열심히 일하는데 중간 관리직의 작업자들이 일을 하고 있지 않았다. 그래서 다른 컨설팅 회사가 아무리 5S 활동을 가르쳐주어도 배울 마음도 없고, 하고자 하는 의욕도 없다. 자기들 스스로 지혜를 모아서 공장의 체제를 바꿔 나가지 못하면 절대로 5S도 실행하지 못한다. 게다가 '사람과 시간의 관리'가 전혀 자리 잡혀 있지 않았다. 나카무라는 제조 라인의 담당 과장을 붙잡고 물었다.

"원가 관리는 하고 있습니까?"

"원가 관리가 뭡니까?"

"그러면 '인시생산식수(人時生産食數)'는 어느 정도입니까?"

식품 회사에서는 한 사람이 한 시간 일한 일의 양을 인시(人時)라는 단위로 몇 사람 분의 식사를 만들었는지를 나타내는 지수를 '인시생산식수(人時生産食數)'라 한다. 즉, '생산식수(生産食數:생산량)'와 '작업 시간'을 곱한 수치를 '사람 수'로 나눈 것으로 도요타 생산방식에서 말하는 '공수(工數) 관리'에 해당한다.

"인시생산식수(人時生産食數)의 기본 자료도 작성하지 않으면서 무엇을 기준으로 그날의 상황을 판단하고 있습니까?"

"그게, 그렇긴 합니다만······."

"그러면 목표 설정도 불가능하지 않습니까? 목표가 없다는 것은 노르마(강제적인 목표: 옮긴이)가 없다는 것입니다. 세상에 이렇게 편한 일이 어디 또 있겠습니까?"

"……네, 그렇군요."

마치 '둘이서 하는 만담'을 듣고 있는 것 같다. 목표도 없고 노르마도 없다. 그런데도 그 공장의 급여만큼은 여느 식품 회사보다 엄청나게 높은 편이었다. 이래 가지고는 공장의 생산 효율이 올라갈 리가 만무하다.

OJT 솔루션즈의 프로젝트 초기에는 이와 같은 광경이 매번 벌어졌다. 처음부터 스스로 작업 순서에 의한 표준화와 수치화가 이루어지고, 분명한 목표 설정을 향해 현장이 확실하게 관리되고 있다면 애당초 OJT 솔루션즈에 개선 지도를 요구할 필요도 없었을 것이다.

그 때문에 OJT 솔루션즈의 트레이너들은 각 고객 기업의 과제와 문제점을 파악해 낸 뒤, 각기 문제점을 최적의 개선 계획(솔루션 제안)을 세워서 맞춤형 개선 프로젝트를 추진해야 했다.

물론 초기에는 제조 라인의 기계의 문제 발생뿐만 아니라 사람의 문제도 있었다. 그런 상황인데도 공장의 중간 관리직들은 트레이너들이 말하는 개선 지도를 빈둥거리며 요리조리 피하는 경우가 많았다. 그 배경에는 과거의 프로세스와 문화, 습관, 틀에 얽매임, 노사 문제 등도 있으나 지금까지의 방법을 바꾸고 싶지 않다는 의식이 깔려 있었다. 그러한 장애 때문에 대부분의 프로젝트 초기 6개월 동안(첫 번째 무대)은 좀처럼 생각대로 진행되지 않은 적이 많았다.

트레이너가 현장의 여성 작업자 몇 사람을 붙들고 얘기해 보니, "이곳은 우리 회사의 주력 공장이지만 오래전부터 여기 나름의 풍습이 있습니다. 트레이너 선생님이 그 어떤 개선 지도를 해도 그리 쉽게 바뀌지는 않을 거예요."라는 말을 했다.

그 여성은 개인적으로는 개선 활동의 필요성을 인정하면서도 "어차피 노동조합의 지시와 오랜 기간의 풍습에 가로막혀 개선 따위는 안 될 것입니다."라고 냉소적인 반응을 보였다. 계속 이야기를 들어보면, "우리 상사는 아무것도 할 줄 모르지만 급료는 높지요.", "결국, 전부 우리가 하고 있는 것이나 마찬가지에요.", "중요한 때는 정작 현장에도 없어요."라는 불평불만이 계속 쏟아져 나왔다. 거기서 트레이너는 좋은 생각 하나를 떠올렸다. "잘 알았습니다. 그러면 당신들도 이제부터 개선 프로젝트의 구성원으로 참여하십시오."

현장의 개선 활동을 열심히 하지 않는 중간 관리직들을 자극하기 위해서 현장에 대한 확실한 문제의식이 있는 일반 작업자를 프로젝트 구성원으로 합류시키자 의외로 큰 효과가 있었다.

개혁을 저해하는 중간 관리직의 의식을 바꿔라

나카무라 수석 트레이너가 현장에 들어가면 반드시 맨 처음에 실시하는 '의식'이 있다. 기계의 조작 부분과 작업대의 위를 집게손가락으로 닦아 모두에게 "이래서 5S를 한다고 할 수 있습니까?"라는 말을 건넨다. 먼지로 더럽혀져 있는 손가락을 머리 위로 치켜들어 말하면서 그들의 콧대를 꺾는다.

처음에는 "아이고 맙소사, 또 똑같은 컨설턴트가 온 거야?"라는 정도의 시큰둥한 반응뿐이었다. 좀 더 직설적으로 말하면 "이전의 컨설턴트도 바꾸지 못한 이 현장을 도요타 사람이라고 해서 바꿀 수 있을까? 어디 한 번 지켜보자."라는 식의 도전적인 분위기마저 감돌고 있었다. 이런 반응은 현장 작업자들보다도 회사 상층부의 지시를 받는 공장의 중간 관리직급에서 특히 더 많이 보인다.

일반적으로 생산성이 낮은 공장의 중간 관리직일수록 보수적이며 개혁을 좋아하지 않는다. 그 경향은 생산성 향상과 같은 실적을 통해 승진한 것이 아니라 능력에 관계없이 연공서열로 계장과 과장이 된 중간 관리직 타입에 많다. 그들에게는 공통으로 '수비적 자세'가 있기 때문에 OJT 솔루션즈의 개선 활동에는 그야말로 '저항 세력' 그 자체였다. OJT 솔루션즈의 개선 활동은 가장 먼저 이 중간 관리직들의 의식 개혁부터 시작할 필요가 있었다.

그들의 의식을 바꾸기에는 '강의실에 앉아서 하는 교육'을 통해 도요타 생산방식의 이론을 가르치는 것도 낭비다. 그들에게는 생산 현장에 대한 긴장감과 위기의식을 불러일으켜 깨닫게 해야 한다.

그래서 트레이너들은 그들에게는 비밀로 하고 본사의 담당 임원을 현장으로 오게 하는 '각본'을 짠 적도 있다. 본사의 임원들은 공장 관리직의 OJT 솔루션즈의 지시대로 잘하고 있어 모든 것이 순조롭다는 보고만 듣고 그런 줄로만 알고 있었지, 실제로 불시에 현장에 와 보고서야 프로젝트가 제대로 돌아가지 않는 현실을 비로소 알게 된다.

그러나 개중에는 개선 의식이 부족한 담당 임원도 있다. 그럴 때는 사장이 직접 공장 현장에 불시에 나타나도록 한다. 그것도 공장 뒷문에서 현장의 개선 상황을 보여주는 '강경 수단'도 쓰고 있다.

고객 기업 사장의 공통점은 경영하기에 바빠서 별로 공장에 오지 않는다는 점이다. 대체로 담당 임원과 공장장에게 맡겨 두는 경우가 많다. 그래서 트레이너는 현장의 개선 상황을 그대로 보여주기 위해 사장이 공장을 시찰할 때는 정문 현관이 아닌 뒷문의 계단을 통해 직접 창고의 재고 적치장으로 안내한다. 그러면 사장은 공장장과 담당 임원의 보고에는 없었던 상황을 발견한다. 예컨대, 재고 절감이 제대로 진행되고 있다는 보고였는데 실제 와서 보고 산같이 쌓인 재고 더미를 사장은 눈으로 직접 확인한다.

그때, 대부분의 경영자는 엄청나게 놀란다. "보고서를 보면 매우 훌륭하게 개선이 진행되고 있는 줄로만 알았는데……." "담당자를 불러와. 도대체 이게 어떻게 된 상황인가!" 소위 OJT 솔루션즈식 '충격 요법'이다.

4. 당연한 일을 당연히 하는 것이 개선이다

공장장 교체! 라는 강수를 두다

H사의 개선 활동 일정에 상당한 차질이 발생하기 시작했다. 프로젝트 리더인 공장장과 개선 대상인 서브 리더의 제조 라인 과장이 태연스럽게 강의 도중에도 자리를 뜨는 경우가 많고, 다른 구성원들도 개선 활동에 참여하지 않는 상황이 계속되었기 때문이다.

프로젝트는 벌써 3개월째로 접어들었지만 여태 초보적인 개선 단계를 벗어나지 못하고 있었다. 나카무라 수석 트레이너는 이대로는 안 되겠다는 생각에 '모종의 행동'에 나설 결심을 굳혔다. 3개월에 접어들 시점에 예정되어 있는 '중간 보고회' 후에 사장에게 개선이 진전되지 않는 현상을 단도직입적으로 말하는 것이다.

OJT 솔루션즈의 개선 프로젝트는 통상적으로 '시축(始蹴)'이라고 하는 개선 활동 발대식을 시작으로 매월 개선의 진척 상황을 프로젝트 구성원들이 스스로 발표하는 '월차 보고회'를 하고 있다. 3개월째는 '중간 보고회', 6개월째의 종료 시에는 '최종 보고회'를 한다. 그 보고회는 고객 기업의 경영진을 비롯하여 관계자가 몰려드는 100여 명의 대규모 행사로 치러진다.

나카무라는 H사의 중간 보고회가 종료된 뒤, 각오를 하고 사장을 별실로 불렀다. 참석한 것은 사장 이하 임원 몇 명과 OJT 솔루션즈의 나카무라를 비롯한 영업 담당 전무 등이었다.

"사장님, 우리가 지도하는 개선 활동을 현장의 작업자가 잘 이해하든 못하든 그것은 자유입니다. 그러나 이 상태로 간다면 6개월이 지나도 성과가 나오지 않는 것은 자명한 일입니다. 귀사로서도 개선 활동의 비용 대 효과를 생각하지 않을 수 없겠죠. 그래서 제안합니다만 이렇게 하면 어떨까 하는데……."

나카무라는 '모종의 구체적인 대응책'을 사장에게 말했다. 그러자 사장은, "음, 나에게 올라오는 보고서에는 3개월간의 개선 활동이 순조롭게 진행되고 있다고 하더니만……. 그게 지금 들어보니 꼭 그렇지만은 않은 것 같군요……. 알았습니다. 내게도 생각이 있으니 나중에 다시 이야기합시다."라고 대답했다.

그런 말을 남기고 사장은 실의에 가득 차서 공장을 떠났다. 잠시 후 나카무라한테 사장의 연락이 왔다. "공장장과 부공장장 두 사람 모두 교체시키기로 했습니다." 그 말을 듣고 나카무라는 사장에게, "공장장을 교체한 인사가 지금의 현장 작업자에게 좋은 의미에서 자극을 줄 게 틀림없습니다. 사장님이 그렇게까지 결단해 주신다니 우리도 최선을 다해 전력을 다하겠습니다!"라고 말했다.

그렇게 해서 H사의 후반 3개월 프로젝트 기간은 신임 공장장과 부공장장 밑에서 다시 시작했다.

그때의 일을 나카무라는 공장장의 교체가 좋은 계기가 된 것만은 사실이라고 말한다. 후임 공장장이나 부공장장 둘 다 개선 활동의 취지를 잘 이해하고 매우 적극적인 협력 체제를 만들어 주었다. 프로젝트 리더를 중심으로 비로소 팀이 하나가 된 느낌이었다고 나카무라는 회고했다.

　사장은 인사이동 이후, 전 공장장과 부공장장을 다른 공장의 책임자로 '영전' 하는 배려도 잊지 않았다. "좋은 경험을 했을 것이다. 그 경험으로 새로운 공장에서도 스스로 노력하여 개선 활동을 더욱 보급해 주기 바란다. 기대해도 되겠지!"

　나카무라는 사장에게 단도직입적으로 직언하기를 잘했다고 생각했다. 나카무라의 용기 있는 행동이 사장의 개선 의식을 눈뜨게 했다.

의욕이 있는 여성을 프로젝트 구성원으로 등용

　그리고 시간이 잠시 흐른 어느 날, H사의 사장은 이제 슬슬 효과가 나오기 시작하는데 여기서 끝내기가 아쉽다. 공장의 인사 체제도 새롭게 했으니 프로젝트를 6개월 더 연장하고 싶다는 요청을 OJT 솔루션즈에 했다.

　공장장을 교체하는 파격적인 인사를 단행하고 난 뒤, 한숨을 돌린 H사의 개선 프로젝트는 6개월 연장으로 돌입했다. 프로젝트 리더인 공장장의 교체가 공장 전체의 프로젝트에 대한 진지한 자세와 노력을 끌어들였다.

　두 번째 무대의 목표는 다른 제조 라인으로까지의 파급을 도모했다. 첫 번째 무대는 개선 대상이 된 주력 제조 라인의 개선 활동으로, 다른 제조 라인의 담당자들은 단지 참관인 자격으로 참여하였는데 그들의 "우리 일이 아니다."라는 수수방관하는 의식이 프로젝트 구성원의 뒷다리를 잡는 꼴이 된 적이 있었다.

그래서 두 번째 무대에서는 참여하는 각 제조 라인에 개선 목표를 부여하고 6개월 동안의 성과를 경쟁시킨 것은 예상외로 효과가 컸다.

두 번째 무대에서는 부서별로 주제를 주어서 '시간 관리'라는 목표도 정했다. 그리고 지금까지 시행하지 않았던 '인시생산식수(人時生産食數)'라는 '공수 관리'를 도입함과 동시에 '원가 관리'도 확실하게 하도록 했다. 원가 관리도 제대로 되어 있지 않은 회사에 진정한 원가 관리는 불가능하기 때문이다.

나카무라는 한발 더 나아가 현장의 일반 여성 작업자 중에서 프로젝트 구성원으로 세 사람을 등용하기로 했다. 중간 관리직의 의식 개혁뿐만 아니라 현장의 작업자 전체가 개선 활동에 참여하는 체제를 만들 필요가 있었기 때문이다. 새롭게 구성원이 된 여성 작업자 세 사람에게 나카무라는, "여러분은 부서 대표입니다. 여러분이 메시지를 전달하는 소임을 맡아 주십시오. 현장의 밑바닥부터 바뀌지 않으면 이 현장은 바뀌지 않습니다. 개선 활동에 대한 공부는 물론, 여러분이 지금 하고 있는 개선 활동을 현장의 구석구석까지 넓혀 주시기 바랍니다."라고 말했다.

그러자, 지금까지 지극히 한정된 일밖에 하지 않았던 그 여성들의 눈빛이 바뀌면서, 동시에 직장 분위기도 순식간에 달라지기 시작했다. 그 여성들에게 "하는 일도 없으면서 급료만 높다.", "정작 필요할 때는 현장에 없다."라는 불만을 들어왔던 과장들도 진심으로 바뀌기 시작했다. 프로젝트 회의도 정돈된 분

위기에서 이루어지고 회의 시간에 늦거나 도중에 자리를 뜨는 구성원도 없어졌다. 그리고 이 변화는 다른 공장으로까지 확산해 갔다.

다른 공장으로의 개선 파급 효과

두 번째 무대의 프로젝트 회의에는 다른 공장의 중간 관리직도 참여시키기로 했다. 개선 활동을 다른 공장에도 파급시키고 싶다는 사장의 희망을 받아들인 것이다. 하지만, 처음에는 다른 공장의 담당자들한테 "그 공장까지 가서 배울 게 뭐 있담."하는 조롱 섞인 말을 들어야 했다.

무리도 아니다. OJT 솔루션즈가 개선을 시행하고 있는 주력 공장이 다른 지방 공장보다도 생산 효율이 훨씬 낮았기 때문이다. 본래 다른 지방 공장은 주력 공장과는 달리 생산성이 낮으면 폐쇄될 수 있다는 위기감이 있다. 그래서 평소에 사력을 다해 생산성 향상을 위해 끊임없이 노력해 왔다. 그 지방 공장의 담당자로 보자면 본사가 돌보고 있는데도 효율이 가장 낮은 주력 공장으로 일부러 가서 배울 것까지는 없다고 생각하는 것은 어쩌면 너무나 당연했다.

그러나 두 번째 무대의 막이 오르면서 몰라볼 정도로 개선 활동에 착수하기 시작한 주력 공장의 변모해 가는 모습을 보고 지방 공장의 담당자들은 "이것이라면 우리도 응용 가능할 수 있겠다."라며 진지한 태도를 보이기 시작했다.

나카무라는 H사에서 가장 좋았던 것은 공장 간의 벽이 허물어진 것이라고 당시를 회고한다. 그 결과, 개선 효과를 각 공장 간에 정보 교환하게 되었다. 그것이 최대의 수확이었다. "그때까지는 자동차의 바퀴로 비유하면 한쪽 바퀴만 돌고 있었기 때문에 자동차가 제자리에서 맴돌 뿐 앞으로 나가지 못했습니다. 그것이 두 개의 바퀴가 속도를 똑같이 내면서 확실하게 앞으로 나가게 된 것이죠."라고 나카무라는 이야기했다. 역시 자동차 회사 출신다운 탁월한 비유이다.

그 후, 두 번째 무대가 막을 내릴 즈음에 열린 '최종 보고회'에는 전국의 간부들이 모여 공장의 강당이 더 이상의 입추 여지도 없이 꽉 들어찼다. OJT 솔루션즈에 주력 공장의 개선 활동을 의뢰한 지 딱 1년. 최종 보고회 직전에 발표된 결산 발표에서는 약간의 매출 감소를 참작하더라도 30%가 넘는 큰 폭의 이익 증가를 달성했다.

최종 보고회에서 인사에 나선 나카무라는 지난 1년을 회고하면서 말하기 시작했다.

"이 어려운 상황 속에서 매출액은 줄었어도 수익이 늘었다는 것은 매우 큰 의미를 지니고 있습니다. '이런 식으로 하면 우리도 바뀌는구나.'라는 자각과 자신감을 얻은 것이 무엇보다 기뻤습니다. 여기에 있는 담당 트레이너 두 사람도 똑같은 기분일 것입니다. 진심으로 H사의 개선 활동에 참여할 수 있어서 좋았습니다."

개선의 마음에 불을 붙여라

나카무라를 비롯한 OJT 솔루션즈의 트레이너와 영업사원이 일심동체가 되어 시행한 H사의 개선 프로젝트는 특별할 것도 대단할 것도 없는 보편적인 것이다. 개선을 의뢰해 온 H사의 현장의 문제점을 정확하게 찾아내서 해결한다고 하는 '지극히 당연한 것'을 그저 묵묵히 시행했을 뿐이다.

정리와 정돈을 한다고 하는 지극히 당연한 '5S 활동'을 철저히 시행함으로써 개선점을 찾아내고, 왜 이런 문제가 발생했는지 그 원인을 하나하나 캐내 제거한다.

그리고 지금의 낭비를 없애려면 어떻게 해야 좋을지 모두의 지혜를 모으는 - 즉, 당연한 일을 당연하게 실행하는 것이야말로 도요타 생산방식이 지향하는 개선으로, 그 개선 활동을 쉽게 이해하도록 하면서 일본 전체의 제조 현장에 뿌리내리고자 하는 것이 OJT 솔루션즈의 트레이너들이다.

예전부터 "평범한 선생은 말로만 설명하려 한다. 조금 나은 선생은 자기가 실제로 해 본 다음에 학생들에게 가르친다. 정말로 위대한 선생은 학생의 마음에 불을 붙인다."라는 격언이 있다. OJT 솔루션즈의 개선 활동은 고객 기업의 낭비와 군더더기 살을 외과 수술로 절제해내기보다도, 내과적인 처방전을 써서 기업 체질을 핵심부터 바꿔 가고자 하는 것이다.

'개선의 불꽃을 마음에 붙이는 오야지(OJ) 같은 가정교사(T)들의 분투'는 오늘도 일본 전국 어딘가의 생산 현장에서 계속되고 있다.

2장

전설적인
전도사들의 탄생

1. 전도사의 긍지와 고민
2. 다른 컨설턴트와 무엇이 다른가
3. 고객과의 틈을 어떻게 좁힐 것인가
4. 프로젝트 성패의 분기점

1. 전도사의 긍지와 고민

매일 매일의 기능 향상을 숙련된 트레이너에게도 부여하다

'오야지(OJ) 같은 가정교사(T)'라는 친숙한 의미로 불리는 OJT 솔루션즈의 트레이너들은 도요타 생산 현장에서 40년 가까이 개선 활동에 종사해 온 '도요타 생산방식의 전도사들'이다. 앞에서도 언급한 바와 같이 그들의 도요타 시절의 부하 직원은 수백 명에 이르며, 연간 매출 수십억 엔부터 수백억 엔의 제조 기업의 경영자에 필적할 경영 능력을 겸비한 초일류 트레이너들이다. 실제로 이 트레이너들에게 부탁하면 불가능한 것이 없을 정도이다.

그 때문에 OJT 솔루션즈가 서비스를 시작한 후, 6개월 동안은 별다른 기능 향상을 위한 연수 없이도 트레이너들의 자체 능력만으로도 그대로 고객 기업의 현장 개선 지도를 맡을 수 있었다.

실제로, 트레이너 자신을 위한 기능 향상 제도가 시작된 것은 맨 처음 프로젝트가 시작된 지 6개월 뒤의 일이다. 어째서 '초일류 트레이너'인 전도사의 기능 향상 제도를 만들어야만 했을까? 그 배경은 도요타 출신 트레이너가 너무 특출나게 뛰어나다고 하는 모순에 있었다.

트레이너들은 모두 "여러분이 지금까지 오랫동안 도요타에서 배워 온 것을 세상에도 도움을 줘라!"라는 의미로 도요타에 등을 떼밀리다시피 OJT 솔루션즈로 왔다. 40년 가까운 도요타 생산방식의 현장 개선에 공헌해 온 그런 트레이너에게, "여러분의 기능으로도 대응할 수 없는 고객 기업이 있으니 다시 한 번 더 공부해 주기 바란다."라는 말은 좀처럼 꺼내기 어렵다.

그러한 이야기를 전해야 할 리쿠르트 스태프들은 트레이너들보다 한창 어린데다 또 실제로 현장에 나가 본 적도 없었다. 그런 그들이 숙련공인 트레이너에게 "다시 한 번 기능을 향상시켜 주세요."라는 말을 하기란 여간 어려운 게 아니다. 그런 말을 듣고 "우리의 실력이 부족하다고? 정말 어이없군! 그런 말을 하는 당신들은 현장이 뭔지나 알기나 해?"라는 식으로 되받아치지 말라는 법도 없다.

그래서 OJT 솔루션즈는 "트레이너는 필요한 기능을 충분히 갖추고 있다는 것을 기본으로 한다."라는 문구를 문서로 만들어서 전사적인 합의를 이끌어 낸 다음에야 비로소 트레이너를 위한 기능 향상 제도를 시행하기로 했다.

필요한 기능이란,
① 실제 생산 현장의 문제 해결에 직접적인 도움이 되는 기능
② 트레이너들이 도요타의 조직 속에서 몸에 익힌 후천적인 기능

이 두 가지로 나뉜다. OJT 솔루션즈는 도요타식으로 매일 개선에 대해서 배우는 '매일 매일의 기능 향상'으로 방향을 잡아서 트레이너들의 향상을 끌어올리려는 묘책을 짜고 있다.

트레이너의 실력은 정평이 나 있다. 그 기술력과 기능 하나로 도요타 시절 500명이나 되는 부하 직원을 이끌어 왔다. 그러나

그 기능의 대상을 일반 고객에게 직접 사용한 경험은 없다. 이제부터 개선 활동 대상은 어디까지나 관련 회사와 거래처를 위한 것인데, 그들은 도요타의 중간 관리직으로서의 매우 유리한 위치에서 비용 절감과 재고 절감을 실천해 왔다. 즉, 트레이너들은 도요타 안에서 완벽하게 완성된 체제와 수준 높은 환경 속에서 일해 왔다.

이제까지 도요타 생산방식을 모르거나 또는 전혀 다른 사고방식을 지니고 있는 사람들을 가르쳐 온 경험이 전혀 없다고 해도 좋을 것이다. 그러한 상태에서 제대로 된 기능 향상을 도모하고자 하는 내부 연수를 거치지 않고 고객 기업에 도요타 생산방식을 그대로 밀어붙였다가는 개선 효과가 나오기는커녕 오히려 반발을 불러일으키는 일이 많은 것은 당연하다.

한편, 트레이너들도 고민은 있다. "도요타 생산방식을 사용해서 고객 기업의 생산 현장을 개선해 주기를 바란다. 단, 밀어붙이기만 해서는 안 된다. 상황에 맞추어서 잘 알아서 해주기 바란다."라는 말을 들어도 막상 '전수할 기능'을 재정비할 기회가 없었다. OJT 솔루션즈가 독자적으로 실시한 트레이너를 대상으로 하는 기능 향상 제도는 이러한 여러 격차를 메우기 위해서 리쿠르트가 가장 먼저 확립해야 할 시급한 과제였다.

바람직한 모습의 실현에 대한 고민과 격차

도요타 생산방식에서는 개선 활동으로 실현되는 '바람직한 모습'을 '이상적인 모습'으로 보고 있다. 보통, 일반 사회 속에서 '이상(理想)'이라는 단어가 사용되면 그것은 단지 이상일 뿐 현실과 동떨어진 '그림의 떡'이라는 의미로 사용되는 경우가 많다.

그러나 도요타에서의 바람직한 모습이란, 매일 개선을 계속해 나가면 반드시 도달할 수 있는 모습을 의미한다. OJT 솔루션즈의 트레이너들도 고객 기업의 현장 개선을 추진하는 가운데, 그 '바람직한 모습'의 의미를 현장 작업자들이 제대로 이해하지 못한다는 느낌을 많이 받았다. 어느 트레이너는, "어째서 현장의 프로젝트 구성원들은 우리가 말하는 '이상적인 모습의 실현'을 믿지 못하는 것일까에 대해 낙담한 적도 있었습니다." 라고 고백한다. 그것은 트레이너 모두의 사기진작과도 관련된 중대한 문제로, 현장에서 의사소통이 원활하지 못하면 OJT 솔루션즈의 개선 프로젝트가 제공하는 '서비스 질의 산포'를 가져오는 원인이 된다. 그 '서비스 질의 산포'를 막으려면 '트레이너 질의 산포'를 막아야 한다. 즉, '트레이너 지도 방법의 산포'는 '트레이너 지식의 산포'로 귀결된다.

냉정하지만 아무리 세계 최강의 도요타 생산방식을 습득한 트레이너라 해도, 그 가운데 프로 야구의 2군 수준과 같은 트레이너와 미국 메이저리그에서 통용되는 천재적인 이치로와 같은 트레이너까지 천차만별이다. 그 때문에 OJT 솔루션즈로서는 트레이너가 가지고 있는 지식의 수준과 지도 방법의 수준이라고 하는 소프트웨어적인 기능과 실제로 현장에서 성과를 올리는 하드웨어적인 기능 이 두 가지 기능으로 전체의 수준을 끌어

올려야 한다.

새, 곤충, 물고기―세 가지 시각이 중요

　개선의 지식과 지도 방법이라는 소프트웨어적인 기능의 핵심은 의사소통 기능이다. 이른바, 토론으로 대변되는 논리적이며 이론적으로 생각해야 하는 크리티컬 싱킹(Critical Thinking)이 아니라 그냥 쉬운 말로 이야기를 나누는 것이다. 그다음에 쓰는 것과 생각하는 것을 상대에게 얼마나 알기 쉽게 전달할 수 있느냐 하는 기능이 대두된다.

　사물은 새, 곤충, 물고기의 시각으로 바라보는 방법이 매우 중요하다. 새의 시각이란, 버드 아이 뷰(Bird's-eye view) 즉, 위에서 내려다보는 것을 말한다. 곤충의 시각은 마이크로처럼 100만분의 1까지 치밀하게 관찰하는, 그야말로 곤충의 눈처럼 '확대경'으로 들여다보는 듯한 시각이며, 물고기의 시각은 180도 사이에 있는 것을 볼 수 있는데 그렇듯 전체를 광범위하게 파악하는 '어안'을 의미한다.

　도요타 출신 트레이너들의 강점은 '곤충'의 시각이다. 그들은 도요타 생산방식의 각 이론을 깊이 있게 전개해 나가는 기능은 대단히 뛰어나다. 그러나 현장 개선에 착수하는 트레이너들에게는 새의 시각인 '버드 아이 뷰'와 물고기의 시각인 '어안'도 필요하다. 새처럼 한 단계 높은 시각으로 보면서 물고기처럼 전체를 조망하는 넓은 시야도 필요하다. 도요타 생산방식을 고객 기업의 현장 개선에 활용하려면 유연성 있게 새, 곤충, 물고

▶ 새, 곤충, 물고기의 세 가지 시각

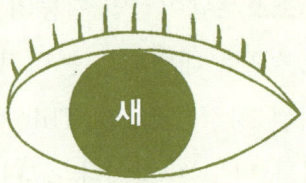

대국적인 시야가 필요한 버드 아이·뷰적인 시각. 항상 프로젝트 전체의 진척 상황을 파악하지 않으면 안되는 전략 입안적인 시각.

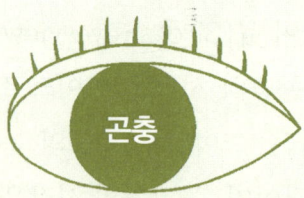

마이크로적으로 치밀하게 관찰하는 것이 요구되는 현미경적인 시각. 도요타 출신 트레이너가 가장 자신 있어 하는 전문가적인 시각.

전후좌우 360도의 폭넓은 시야가 요구되는 어안 렌즈적인 시각. 환경의 변화에도 민감하며 탐지능력이 뛰어난 복안 레이더적인 시각.

기라는 세 가지 시각을 축으로 전개해 나가는 것이 중요하다.

그 때문에 현장의 개선 활동을 하면서 트레이너들이 '곤충'의 시각에만 너무 집착하면 고객 기업과 대립할 수 있다. 극단적으로 말하면, 고객 기업의 경영자한테는 현장 설비의 기계 부속 장치에 대해 약간의 각도까지 바꾼다고 하는 그런 개선은 그렇게 크게 와 닿지 않는다. 트레이너의 '곤충'의 시각으로 개선 성과를 계속 보고한 결과, 어느 경영자는 실제로 불만을 폭발시켰다.

"내가 듣고 싶은 것은 그런 자질구레한 개선점이 아니다. 생산 현장이 앞으로 어떻게 바뀌어 갈 것인가 하는 좀 더 큰 이야기이다!" 경영자들은 대개 '새'와 같은 시각으로 기업을 경영하고 있다. 경영이란 '시대의 변화에 대응하는 기술'이기 때문이다.

그래서 고객 기업의 경영자와 현장 개선에 대한 의견을 교환할 때 트레이너에게도 '새'와 같은 시각이 없으면 서로 대화는 어긋날 뿐이며 프로젝트 자체가 붕괴해 버릴 위험성도 있다.

OJT 솔루션즈의 기능 향상 제도의 가장 어려운 과제가 트레이너들한테 이 복안(複眼)의 시각을 갖게 하는 것이다.

2. 다른 컨설턴트와 무엇이 다른가

트레이너들의 불만

　트레이너들도 현장에서 느끼는 불만이 많이 있었다.
　"우리가 하고 있는 개선 활동을 현장 사람들이 명확하게 이해하지 못한다……."
　"경영자의 이야기와 중간 관리자의 이야기, 그리고 현장의 이야기가 모두 제각각이다. 전부 다르다……."
　그러한 불만을 느꼈을 때 무엇이 문제이고, 그에 대해 어떻게 대처해야 하는가? 하는 방법을 찾는데 애를 먹었다고 한다. 무리도 아니다. 트레이너들은 '현장 개선의 문제점을 구조적으로 부각시키는 도구'를 사용하는 것에는 숙련되어 있지만, '고객 기업을 구조적으로 파악하는 사고의 프로세스'는 몸에 배어 있지 않기 때문이다.
　안타깝게도 OJT 솔루션즈의 고객 기업에는 그 '구조적으로 문제점을 부각시키는 도구를 사용하는 시스템'은 처음부터 존재하지 않는다. 존재한다면 개선 활동을 의뢰할 것까지도 없이 자체 힘으로 현장 개선의 성과를 올렸을 것이다. 만일 처음부터 그 시스템이 고객 기업에 존재했다면 트레이너들은 아무런 고민 없이 개선 활동에 전념할 수 있었을 것이다.
　그러나 현실은 트레이너들 스스로 구조적으로 문제점을 부각시키는 도구를 사용하는 시스템을 현장에서 구축해 나가면서 그 시스템 사용법과 그에 따른 효과와 영향을 가상 실험하면서 이끌어 나가야 하는 상황이었다.

확실히 도요타 내에서도 개선 체제를 만들어 나가면서 동시에 운용해 온 시대도 있다. 그러나 그것은 창시자인 전 도요타 자동차공업 부사장이었던 오노 다이치에 의해 도요타 생산방식이 체계화된 1970년대 후반의 일이다.

현재의 OJT 솔루션즈의 트레이너들 대부분이 도요타에서 관리 감독자가 된 시기에는 이미 도요타의 대선배들이 만들어 온 시스템이 체계화되어, 운용 방법도 이미 널리 알려진 때였다. 그러한 '완성된 기업 풍토와 직장'에서 일해 온 사람들이다.

그런 OJT 솔루션즈의 트레이너들이 고객 기업 현장에서의 개선 활동은 오노 다이치와 같은 대선배들 시대와는 차원이 다르다. 그것을 초기에는 트레이너들도 미처 깨닫지 못한 채 고객 기업을 지도하고 있었다.

트레이너들에게 필요한 요소

이와 같이 트레이너에게는 하드웨어적인 기능과 소프트웨어적인 기능, 의사소통 능력, 논리성, 사물을 보는 시각 등 다양한 것이 요구된다. 게다가 지금 자신이 무엇을 하고 있는지를 냉철한 눈으로 모니터링하면서 동시에 고객 기업의 위치에 서서 바라볼 수 있는가 하는 점도 중요한 요소이다. 그 고객의 상황, 경영자의 상황, 중간 관리직인 프로젝트 리더의 상황, 프로젝트 구성원인 현장 작업자의 상황이 다 다르며 각자 처한 상황을 이해하면서 개선 활동을 지도할 수 있는 트레이너가 증가하는 것이 곧 OJT 솔루션즈의 개선 서비스의 질을 높이는 것과 마찬가지이다.

세상에는 수많은 컨설팅 회사가 존재한다. 그 중에는 도요타 출신의 OB가 설립해서 도요타 생산방식을 핵심적인 영업으로 하는 회사도 있다. 그러나 일부 뛰어난 회사를 제외하고는 대부분의 컨설팅 회사가 OJT 솔루션즈의 개선 활동만큼 큰 성과를 올리지 못하는 이유는 무엇인가? 그것은 고객 기업에 대한 도요타 생산방식의 개선 자원을 '맞춤형'으로 가르치거나 형태를 바꾸어서 알기 쉽게 전달하는 확실한 기법을 갖춰 놓은 공정이 없기 때문이다. 어느 OJT 솔루션즈의 간부는, "OJT 솔루션즈가 다른 컨설팅 회사와 다른 점은 세 가지 있습니다. 첫째는 트레이너 만들기를 철저히 하는 것, 둘째는 영업 후 사후 관리, 셋째는 '이론 강의'가 아닌 On the Job Training에 철저하다는 것입니다."라고 단언한다.

도요타 생산방식의 강요만으로는 성공할 수 없다

'도요타 생산방식'의 이론서를 교재로 '이론'을 중심으로 강의하는 지도만으로는 실제의 생산 현장을 바꾸기 어렵다. 강의할 때는 이해하지만 강의가 끝나면 까맣게 잊는 경우가 대부분이기 때문이다. 설혹 도요타 생산방식의 이론을 모두 머릿속에 집어넣을 수 있다 해도 그것을 자신의 생산 현장에서 응용할 수 있다고는 할 수 없다. 일부 사람만 이해해서 되는 일이 아니기 때문이다. 생산 체제의 책임자인 공장장을 비롯해 부공장장, 차장, 생산 본부장 각 생산 라인 담당 과장, 계장, 반장, 일반 작업자에 이르기까지 "우리의 개선 활동은 무엇을 지향할 것인가."라는 공통 의식을 모두 함께 가지면서 '전 사원 일심동체'가 되어 같은 개선 방향을 향해 나가야 한다.

도요타 생산방식은 도요타 본사에서도 아직 계속 진화하고 있다. 그것은 새로운 체제와 운용 방법이 항상 현장에서 개선되고 있기 때문이다. 책에 소개되어 있는 '도요타 생산방식'을 '금과옥조'처럼 공장의 신전에 모셔 놓고 기도하는 것만으로는 생산 현장을 개선할 수 없다. 생산 현장에서 시행착오를 거듭 겪으면서 스스로 체제와 운용 방법을 확립해야 비로소 도요타 생산방식은 각 생산 현장에서 새로운 형태로 뿌리내리게 된다.

한편, OJT 솔루션즈도 도요타 생산방식을 최고로 내세워 '도요타적인 이상적인 모습'만을 고객 기업의 현장에 밀어붙여서는 반발만 불러일으킬 뿐이다. 고객 기업의 개선 요청 내용을 확실히 파악해서 현장과 트레이너의 완충재로서, 모두 한 방향으로 향할 수 있도록 조용하게 중요한 일을 처리하는 것이 리쿠르트 출신의 영업사원과 OJT 솔루션즈의 서비스를 총괄하는 스태프의 소임이다. 따라서 리쿠르트 출신의 스태프는 도요타 생산방식을 고객 기업의 위치에 서서 그것을 어떻게 운용할 것인가 하는 객관적인 관점을 가지고 있다.

목표는 어디까지나 '고객 기업을 위한 개선'이지, 도요타 생산방식의 '이상적인 모습'을 강요하기 위한 것은 아니다. 단지, 고객 기업 자체의 힘으로 문제점을 찾아내고 해결하기 위한 도구로써 도요타 생산방식을 활용하고 있을 뿐이다.

그로 말미암아 리쿠르트 출신의 영업사원과 도요타 출신의 트레이너 간에 때로는 격렬한 논쟁을 벌이는 경우도 있다. 그러나 도요타와 리쿠르트의 공통적인 기업 풍토는 '인간 존중'이다. 여기서 말하는 인간이란, 고객 기업의 경영자, 중간 관리자, 현장 작업자 더 나아가 OJT 솔루션즈의 트레이너와 영업사원도 포함된 개선 프로젝트에 관련된 모든 사람들을 말한다. 이 모든 사람들이 6개월 동안의 프로젝트 종료 후에 개선 성과를 함께 공유할 수 있는 것이 중요하다.

개선 정보 교환의 장

OJT 솔루션즈의 트레이너는 고객 기업인 현장에 파견되기 전에 2개월간의 양성 기간을 거쳐야 한다. OJT 솔루션즈만의 '현장 진단'과 '솔루션 제안'을 습득하기 위해서이다. 본서의 앞에서 소개한 바와 같이 리쿠르트 시절의 동료인 현 OJT 솔루션즈 영업 부장 기무라와 함께 OJT 솔루션즈의 사업을 제안했던 나카오 현 서비스 부장은 현재 이러한 트레이너 육성 프로그램의 작성에 관여하고 있다. 이른바, 도요타의 우수한 관리 감독자를 OJT 솔루션즈의 트레이너로 재탄생시키는 일이다. 나카오는 가끔 웃으면서, "시작한 지 2년여가 지났는데 시간이 지남에 따라서 트레이너 자신의 경험도 축적되는 것이 가장 중요하다고 봅니다. 자신들의 경험을 통해 쌓아 온 실적이 좋은 평가를 얻어서 개선을 요청하는 고객 회사의 수가 많아진다는 것은 참 기분 좋은 일이죠. 우리 회사는 아직 창업 초기 단계로 사업 확대가 중요합니다. 처음부터 이것저것 너무 따지지 않고 어쨌든 '달리면서 생각한다.' 라는 마음으로 하고 있습니다. 지금 생각해보면 위기도 수차례 찾아 왔지만요……(웃음)."라고 말했다.

OJT 솔루션즈의 본사에서는 매주 나카오가 주최하는 트레이너 모임이 있어 그곳에서 트레이너들 간의 정보 교환이 이루어지고 있다.

"내 경우는 현장 작업 책임자가 이런 말을 하더군."

"그렇군. 작업 책임자에게 그런 말을 들으면 정말 괴롭지."

"그럴 때는 이렇게 해결하면 돼."

그러한 솔직한 심정을 털어놓은 정보가 전국적으로 파견되어 있는 트레이너로부터 나오는 값진 모임이다. 이 모임이 OJT 솔루션즈의 개선 활동의 문제점을 현재화하는 살아 있는 정보로서의 구실을 단단히 하고 있다.

트레이너의 대부분은 OJT 솔루션즈의 본사가 있는 나고야 시 근처에 살고 있다. 나고야라고 하기보다 40년 가까이 직장이 있었던 도요타시에 있는 도요타 본사의 권역이라고 하는 편이 더 맞을 것이다. 현재 수십 명의 트레이너는 매주 월요일 아침 일찍, 북쪽의 홋카이도에서 남쪽의 규슈까지 비행기와 기차를 이용해서 담당을 맡은 고객 기업 공장의 개선 현장에서 사흘간씩 틀어박힌다. 그들이 숙박하는 곳은 공장에서 가까운 역 앞의 비즈니스호텔이 대부분이다. 수요일까지 현장에서 지도한

다음 그날 밤으로 나고야로 돌아온다. 그러다 보면 트레이너들끼리의 정보 교환 기회가 매우 한정되어 있게 마련인데, 나카오 서비스 부장이 주최하는 트레이너 모임이 그들에게 매우 귀중한 정보 교환의 장을 제공하고 있다.

3. 고객과의 틈을 어떻게 좁힐 것인가

고객 만족 설문 조사로 솔직한 의견이 되돌아왔다!

　OJT 솔루션즈는 고객 기업에 대해서 '고객 만족도 설문 조사'를 실시하고 있다. 지극히 당연한 시도였는데 의외로 개선 활동에 많은 성과를 가져다주었다. 설문 조사는 6개월 동안의 프로젝트 기간을 ①준비 단계, ②중간 단계, ③종료 단계의 세 단계로 분류했다.

　준비 단계는 "OJT 솔루션즈가 내놓은 현장 진단과 제안이 타당하다고 생각합니까? 납득합니까?"라는 질문부터 "프로젝트가 6개월에 걸쳐서 시행되는데 귀사의 개선 의지는 뚜렷합니까?", "그것을 위한 시스템은 충분히 갖추어져 있습니까?"까지 다양하게 이루어져 있다.

　중간 단계는 "지금까지의 솔루션을 되돌아 볼 때, 그 만족도는 어느 정도입니까?", "개선의 방향은 한곳으로 모여 있습니까?", "확고한 목표가 설정되었습니까?", "트레이너와 프로젝트 구성원과의 의사소통은 제대로 이루어지고 있습니까?"와 같은 구체적인 질문으로 이루어졌다.

　종료 단계의 설문 조사에서는 "결과로서 개선 성과는 무엇이었습니까?", "그 성과에 어느 정도 만족합니까?", "OJT 솔루션즈에 대한 만족도는 어느 정도입니까?"라는 보충적인 질문을 중심으로 했다.

　본래, OJT 솔루션즈가 이 서비스를 시작하기 전에 생각했던 것은 "고객의 만족도를 서비스의 목적으로 하자."라는 것이다. 그 기본적인 사고방식이 회사 내에 인지되도록 노력해 왔다. 그런데 처음부터 서둘러서 고객에게 설문 조사를 한다면 트레이너들의 사기가 떨어질 수 있다는 우려 때문에 미리 가상해 보자는 차원에서의 '고객 만족도 설문 조사'를 제안했다.

즉, "고객이 트레이너의 지도를 어떻게 생각하고 있을까?"라는 질문을 트레이너 두 사람과 영업 담당, 후원 트레이너의 네 사람에게 미리 가상해 보고 그에 대한 의견을 내라는 제안이었다. 그러는 가운데 "그런 것 가상으로 생각만 해 봤자 별다른 결말이 나오는 것도 아니다."라는 의견이 트레이너로부터 나왔다. 특히, 도요타식 현지·현물·현실주의로 육성되어 온 트레이너들은 "그렇게 빙빙 돌리지 말고 직접 고객에게 물어보자."라는 말까지 나왔다.

나카오 부장은, "지극히 일반적인 고객 설문 조사이지만 효과는 예상 밖이었습니다. 사실, 고객과 OJT 솔루션즈 간의 틈도 좁힐 수 있게 되었습니다. 설문 조사에서 알 수 있는 고객의 솔직한 의견에 트레이너 스스로 자신의 문제점을 파악해서 재빠르게 대처할 수 있게 되었습니다. 그러면서 트레이너 사이에서도 '스스로 하고 있는 일을 좀 더 객관적으로 봐야 하며, 그러지 않으면 고객에게 폐를 끼치게 된다.', '우리도 6개월이나 지도하려면 좀 더 노력해야지.'라는 의식이 퍼져 나가기 시작했습니다. 별것 아닌 것 같지만 그러한 자세가 고객과의 눈에 보이지 않는 틈을 좁혀 줍니다."라고 이야기했다.

고객 사례 비디오로 성공 사례를 보여 준다

그다음으로 시작한 것이 '고객 사례 비디오'이다. 트레이너의 기능 향상용으로 개발된 고객 사례 비디오는 고객, OJT 솔루션즈, 고객 접점의 세 가지 서비스 영역으로 나뉘었다. 여러 시행착오를 거듭하면서 성공한 실제 사례에서 배우기로 했다. 성공한 사례의 대상이 된 트레이너의 사기도 올라가고 그것이 다른 트레이너들에게도 고스란히 전달되기 때문이다. 그 성공 사례의 핵심을 중심으로 트레이너로서의 시각, 행동, 의사소통을 명확하게 한다는 것은 간단하게 말해 고객의 맨 처음 상태를 객관적으로 어떻게 볼 것인가 하는 것이다. 거기에는 프로젝트를 추진해 가는 과정으로 'PDCA'(Plan, Do, Check, Action: 계획, 실행, 확인해서 궤도 수정한다)라는 QC(Quality Control=품질 관리) 용어가 핵심어가 된다.

OJT 솔루션즈의 서비스는 6개월 전의 목표를 크게 바꾸어 놓았다. 그것이 'P(계획)'이다. 그 중에서 고객 요구에 맞춰 개선의 주제를 설정해서 현장의 능력을 분석한 다음에 구체적인 개선 활동의 각본을 짠다. 그때 중요한 것은 마지막에 도달하는 목표가 어떤 상태인가, 무엇을 위해 이것을 하고 있는 것인가 하는 목표와 목적의식을 분명하게 갖는 것이다. 또한, 프로젝트 진척 상황의 파악과 프로젝트 구성원들의 자립성의 확보도 간과해서는 안 된다.

▶ 프로젝트의 진행은 'PDCA'로

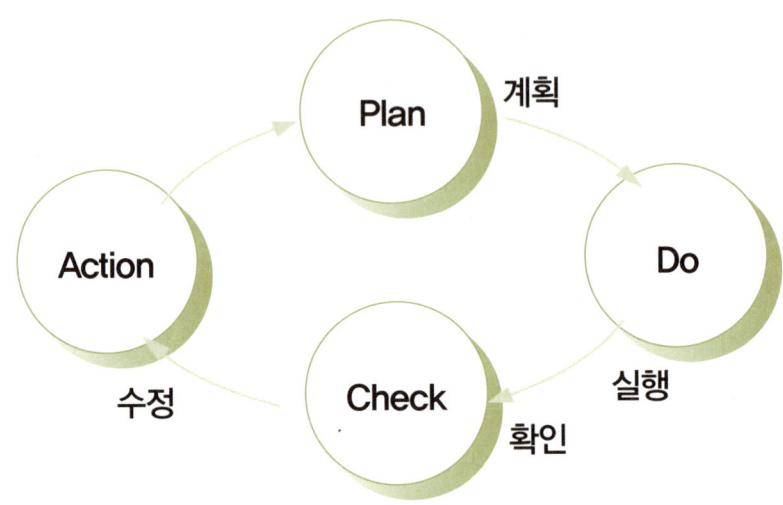

3개월 동안 스스로 생각하는 능력을 기른다

다음으로 'D(실행)'에 착수해야 하는데 6개월을 6회로 나누어, 1개월마다 계획을 세워서 솔루션 제안을 실행에 옮기는 것이 중요하다. 맨 처음의 첫 달에는 지식 학습을 중심으로 이론 강의를 한다.

개중에 뛰어난 트레이너는 강의하면서 현장에 데려가 그 시간에 배운 것을 어떤 방법으로 사용할 것인지 실제로 해보게 하면서 같이 고민한다. 지식이라고 하는 것은 머리로는 충분히 이해하고 있는 것 같아도 실제로 몸을 움직이지 않으면 배지 않는 것이 일반적이다.

이론으로 배운 지식을 바탕으로 프로젝트 구성원이 실제로 자신들의 현장에서 개선해야 할 대상을 찾기까지는 두 달 걸린다. 문제점을 찾아내서 문제가 되는 자료를 분석하면서, 그 분석이 어떤 의미가 있는지 목적의식을 분명하게 심어 주는 것이 중요하다.

한편, 트레이너들한테의 첫 1개월은 프로젝트 구성원이 얼마만큼 성장해야 하는가를 형상화해야 하는 중요한 기간이다. 실제로, 어느 프로젝트 때는 2달째 중반부터 '주간 계획'을 프로젝트 구성원에게 작성하게 한다. 그것은 6개월 동안에 목표를 달성하려면 중반 지점인 3개월째에 프로젝트 구성원 스스로 현장의 개선 활동을 이끌어 나가지 않으면 기간을 맞출 수 없기 때문이다. 그러기 위해서는 2개월 접어드는 단계에서 프로젝트 구성원 스스로 생각하게 해야 한다.

2개월에 들어서 중점적으로 해야 할 일은 "이미 프로젝트의 목표는 분명하게 정해졌으므로 다음 주부터는 자신이 무엇을 하고 싶은지 생각해 오십시오."라고 제안하는 것이다. 그것도 매일 두 차례씩 '1분 코너'를 만들어 자신들의 생각을 다른 구성원 앞에서 "오늘은 이것을 하겠습니다.", "이러한 목적으로 하겠습니다.", "오늘은 이런 것을 하였습니다."라는 식으로 말하는 훈련을 하게 한다.

그것은 구성원들한테는 앞으로 있을 '중간 보고회'와 '최종 보고회'의 자리에서 회사 경영진 앞에서 개선 성과를 발표하는 훈련이 되며, 동시에 트레이너한테는 프로젝트 진척 상황의 확인과 구성원들의 이해도를 확인할 수 있는 시금석이기도 하다.

▶ 6개월 동안의 솔루션 실행 일정표

1개월	**◎ 의사소통의 활성화** 우선 있는 그대로의 현장 상황을 프로젝트 구성원과 객관적으로 바라본다. 그리고 현장을 바꿀 필요성이나 개선된 후 현장이 구체적으로 얼마만큼 좋아질 것인지 미리 가상하면서 이해하게 한다. 그러기 위해서는 원활한 의사소통이 필수적이며 그 위에 공정상의 과제와 문제점에 우선순위를 매긴다.
2개월	**◎ 현장 개혁과 인재육성 시작** 구체적으로 어떻게 하면 제품 생산의 구조를 개혁할 수 있는지를 생각하며 공정마다 일일이 개선에 임한다. 그와 함께 시스템 구축, 개선, 인재육성을 병행한다.
3개월	**◎ 개선에 임하는 가운데 이해를** 여러 과제에 임하면서 프로젝트 구성원에게 과제를 발견해 내는 눈썰미와 개선에 대한 행동력, 이상으로 생각하는 제품 생산의 현장을 실현하기 위한 방법론을 자발적으로 깨우칠 수 있는 훈련을 시행한다.
4개월	**◎ 자발적인 의견이 사내에서 나오도록** 프로젝트 후반에는 트레이너는 '이렇게 하라, 저렇게 하라.' 라는 식의 지도는 행하지 않는다. 오히려 '어떻게 하면 좋을까?' 라고 서로 의논하고 프로젝트 전반을 끝마친 현장의 목소리에 귀를 기울여서 의문이나 불만에 대처해 나간다. 문제의식을 갖기 시작한 구성원의 자립성을 존중하며, '이렇게 하면 좋겠다.' 라는 식의 자발적인 자세를 이끌어 내도록 한다.
5개월 **6개월**	**◎ 자체 힘으로 지속적인 성과를 올릴 수 있도록** 현장 만들기란 무엇인가? 목표 관리나 일상 관리는 어떻게 해야 하는가? 스스로 대처해 나갈 수 있도록 구성원을 끝까지 뒷받침해 주는 조력자의 소임을 다한다. 현장 개선의 주체는 트레이너에서 구성원으로 옮겨가고, 프로젝트 구성원 스스로 현장을 만들어 나가는 '본연의 모습'에 이르도록 최종적인 마무리 훈련을 한다.

4. 프로젝트 성패의 분기점

리뷰 & 피드백의 실천

 6개월이 지나면 프로젝트 구성원들은 슬슬 자립하기 시작한다. 그때 중요한 것이 '리뷰 & 피드백'이라는 실천 방법이다.

 그동안 다양한 활동을 통한 개선의 힘을 프로젝트 구성원의 몸에 배도록 하는 절대적으로 필요한 실천 방법이다. 단순히 개선 활동을 '전개'하는 것만으로는 구성원 자신들의 힘으로 앞으로 계속 발생하는 새로운 문제에 대처할 수 없다. 구성원이 실천한 개선 사례의 경험을 '피드백'하는 것과 동시에 트레이너는 구성원의 이해도를 검토하면서 그들의 실천력을 높일 수 있다. 그러한 '리뷰 & 피드백'이야말로 개선 프로젝트의 성공의 열쇠라 해도 과언이 아니다. 이것은 본래 OJT 솔루션즈의 어느 한 트레이너가 생각해 낸 아이디어였다. "예컨대, A라는 트레이너는 스스로 깨닫고 시행하고 있지만 B라는 트레이너는 전혀 깨닫지 못한 상태로 시행하고 있습니다. 나는 '신중하고 치밀하며 착실한 A 트레이너'와 '대담하면서 임기응변에 뛰어난 B 트레이너'라고 부르고 있습니다. 미리 계획한 대로 프로젝트 구성원에게 하게 할 것인지, 트레이너가 임기응변으로 선두에 서서 할 것인지 하는 차이는 있지만, 이 두 가지 성공 사례의 본보기는 다른 트레이너한테도 매우 좋은 참고가 될 것입니다."라고 나카오 부장은 설명한다.

최종 목표와 6개월 후의 현실적인 목표의 차이를 인식하게 한다

'고객 만족도 설문 조사'를 보면 "프로젝트의 확고한 목표가 설정되었습니까?"라는 질문에 전체의 60%가 예라고 대답하고 있다. 그러나 반대로 말하면 나머지 40%의 고객 기업은 아니라고 대답하고 있다. 그 40%의 고객을 살펴보면 그 중의 절반 가까이는 확실히 '소화불량'을 앓고 있었다.

그 결과를 보고, OJT 솔루션즈는 "고객과 함께 목적과 목표를 확실하게 세워서 공유해 나간다."라는 표어를 내걸었다. 고객이 "어째서 이런 것을 하는지 모르겠다.", "지금 어디로 가고 있는 것인지……."라는 의문을 갖지 않도록 하는 것이 OJT 솔루션즈의 소임이다.

어느 개선 프로젝트는 3개월째 접어들면서 목표가 애매해지기 시작해 도중에 다시 시작한 적이 있는데 그때 다시 한 번 '최종 목표'와 '6개월 후의 현실적인 목표'의 모습을 고객 기업에 명확히 제시하는 것이 필요했다고 어느 트레이너는 말한다. 그 확인 작업을 게을리하면 고객이 품고 있는 개선 성과에 대한 기대치와 실제로 트레이너가 생각하고 있는 기대치가 계속 틈이 벌어지고 만다.

그러나 그러한 값진 교훈을 바탕으로 매일 개선을 진행하다 보면 현장의 문제점을 찾아낼 수 있고 또 트레이너끼리의 정보 교환을 통해 그들의 방향성도 통일할 수 있다. 그리고 그 소중한 개선 사례에 대한 공통 의식을 가지면서 OJT 솔루션즈의 개선 프로젝트도 착실하게 성공 사례를 쌓아갈 수 있게 되었다. 그야말로 OJT 솔루션즈는 자신들의 개선 노력으로 고객 기업 생산 현장의 개선 프로젝트 그 자체를 개선한 것이다.

그 하나의 계기가 되었던 것이 '발상의 전환'이다.

예컨대, 높은 산을 오를 때 바로 눈 앞에 산 정상이 보이는데도 거기를 오르려면 등산로를 멀리 돌아가야 하는 일도 많다. 정상에 다다르기 위해 오르는 길이 멀리 돌아가는 것처럼 느껴지지만 그래도 현실적으로 그래야만 할 수밖에 없다는 것을 프로젝트 구성원이 가장 먼저 이해해야만 한다. 현재의 중간 목표는 최종 목표에 도달하기 위해 반드시 거쳐야 한다는 점을 먼저 트레이너 자신이 의식한 다음, 반드시 구성원에게도 이해하게 해서 그러한 사고방식을 함께 인식하고 있어야 한다.

OJT 솔루션즈는 종합병원이 아닌 전문 의원

여기에 재미있는 사례가 있다. 어느 OJT 솔루션즈 간부의 이야기이다.

"당사의 컨설턴트 서비스는 의사와 같고, 트레이닝 서비스는 선생과 같습니다. 상대가 환자라면, 자신의 어디가 어떻게 아픈지 알고 병원에 오는 환자는 거의 없죠. 학생도 마찬가지로 자기는 이런 성격과 능력에 지식을 갖고 있기 때문에 이런 학교에 온다고 생각하는 학생도 없습니다. 그러면 의사와 선생은 환자와 학생이 어떤 상태이며 무엇이 필요한지 그에 맞는 적절한 치료법과 교수법으로 대응해야 합니다.

▶ 종합병원이 아닌 전문 의원

종합병원 (대형 컨설팅사)
- 외과 수술에 의한 절개 적출 치료
- 이론을 중심으로 한 환자의 의식 개혁
- 첨단 요법을 구사한 체질 개선
- 퇴원 후에도 통원 치료가 필요

전문 의원 (OJT 솔루션즈)
- 내과 진단에 의한 처방전 치료
- 현장 중심의 문제 개선책
- 환자의 자연 치유력을 높인다
- 퇴원 후에는 자택 치료 중심

그러나 어떠한 일이 있어도 OJT 솔루션즈는 '종합병원'의 간판은 내걸지 않습니다. 어디까지나 'OJTS 의원'일 뿐입니다. 이비인후과 환자나 산부인과 환자가 오면 분명하게 '우리 병원은 내과!'라며 딱 잘라 말할 필요도 있습니다.

가끔 다른 환자가 오면 '당신은 외과 수술이 필요한 것 같습니다. 안타깝지만 그것은 우리의 전문이 아닙니다.' 라는 말을 할 수 있어야 합니다.

우리가 내과라는 간판을 확실하게 내걸어야 고객이 필요 이상의 기대를 갖지 않습니다. 간혹 전문 의원인 OJTS에 집안싸움(파벌 다툼, 인사 문제)을 해결해 달라고 요청해 오는 경우도 있습니다. 그럴 때면 '당신은 우리의 진료보다 심리 상담을 받는 쪽이 낫겠습니다.'라고 말해 줍니다."

좋은 물건 만들기 이전에 좋은 사람 만들기

연결 최종 이익이 1조 엔을 돌파하는 세계 최강의 자동차 기업 도요타이니만큼 '도요타 생산방식'으로 일본의 생산 현장의 개선 프로젝트에 도전하는 OJT 솔루션즈가 유달리 더 많은 시선을 끄는 것은 분명하다. 그러나 전문 의원 간판을 내건 OJT 솔루션즈가 공전의 도요타 붐에 편승하지 않겠다는 자각도 필요하다. OJT 솔루션즈의 간부는, "최근의 도요타 붐은 OJT 솔루션즈에 강렬한 순풍을 불어 주는 것은 분명하지만 그 순풍이 영원히 분다고는 할 수 없겠죠. 중요한 것은 도요타 상표에서 OJTS를 상표화하는 것입니다. 그러려면 우리 자신도 'TPS(도요타 생산방식)가 아닌 OJTS 방식'이라는 인식을 지니고 있어야 합니다."라고 말한다.

　제조업의 부활이라 일컬어지는 요즘 도요타라는 이름이 붙은 것이라면 무작정 달려드는 안이한 풍조가 있는 것도 사실이다. 그러나 겉모습만 흉내 낸다고 되는 일이 아니다. OJT 솔루션즈의 개선 프로젝트가 도요타 생산방식을 그대로 써먹는 안이한 개선 지도가 아니라는 것은 충분히 이해하였을 것이다.

　도요타의 DNA는 '물건 만들기 이전에 사람 만들기'이다. OJT 솔루션즈의 '전설적인 전도사들'을 육성하는 시스템은 그야말로 독자적으로 OJT 솔루션즈라고 하는 기업 문화 그 자체를 양성해 가는 것이기도 하다.

3장

최강의 현장 진단 양식으로
문제점을 찾아내라

1. 사상 최강 440항목의 현장 진단 양식
2. 현장 진단 양식의 절대적인 위력
3. 바람직한 모습으로 가기 위한 문제점 조사

1. 사상 최강 440항목의 현장 진단 양식

현장의 문제점을 찾아내는 도구의 탄생

앞에서, OJT 솔루션즈가 '도요타식 개선'을 고객 기업에 어떻게 접목하고 있는지 또한 트레이너가 어떻게 자신의 기능을 향상하고 있는지에 대해서 언급했다. 여기서는 개선 지도의 핵심이라 할 수 있는 '현장 진단 양식'에 대해 좀 더 자세하게 이야기한 다음, 생산 관리, 품질 관리, 원가 관리, 현장 관리를 위한 구체적인 개선 방법으로 이어가고자 한다.

나카무라 다케츠구 수석 트레이너가 OJT 솔루션즈에 관여하게 된 경위는 이미 설명한 바 있다. 나카무라는 어차피 자신이 해야 한다면 차분히 시간을 갖고 방법을 모색할 필요가 있다는 생각에 기업의 상황을 파악하기 위한 자료 수집 도구를 만들기로 했다. 그것이 앞서 말한 '현장 진단 양식'으로 맨 처음 33항목으로 출발한 것이 매번 새롭게 추가하여 현재 440항목에 이른다.

물론, 단순히 숫자만 늘린 것이 아니다. 수많은 실전적 경험을 바탕으로 불충분한 부분을 보충하고 사용하기 불편한 점을 고치고 고친 결과 440항목이 된 것이다.

나카무라는 완성되자마자 그 '현장 진단 양식'을 OJT 솔루션즈의 초대 사장이었던 기노시타 미츠오(현 도요타 전무이사)에게 가지고 가자 사장은 놀라면서, "이런 세부적인 사항을 절대로 그대로 밖으로 유출하면 안 되며, 그 이전에 바로 특허를 내게!"라는 말을 했다.

거기에는 나카무라가 도요타에서 익혀 온 40년에 이르는 도요타 생산방식의 개선 비결의 모든 것이 응집되어 있기 때문이다. 그 때문에 OJT 솔루션즈는 현장 진단 양식의 핵심 부분이 일반에게 공개되는 것을 피하기 위해 지금까지도 특허 신청 절차를 보류 상태로 놔두고 있을 정도이다. 그 정도로 현장 진단 양식의 내용은 OJT 솔루션즈에 '1급 기밀 사항'이며 나카무라가 준 충격은 대단했다. 본서에서도 현장 진단 양식의 전부를 공개할 수는 없지만, 그 기본 부분에 대해서는 어느 정도 밝힐 예정이다.

그 현장 진단 양식을 OJT 솔루션즈가 정식으로 시작하기 전에 먼저 도요타 관련 회사에서 6개월 동안 시험해 보기로 했다. 직접 제조 현장의 현장 진단에 사용해 본 결과는 예상한 것 이상이었다. 도요타 생산방식을 활용하고 있는 도요타의 관련 기업조차도 나카무라가 독자적으로 생각해 낸 현장 진단 양식의 효과에 탄성을 질렀다.

현장 밀착형과 전임 구성원제로 개선 효과를 노린다

나카무라가 만든 현장 진단 양식은 그 후의 OJT 솔루션즈 컨설팅 사업의 방향성을 결정짓게 되었다. 그 현장 진단 양식은 6개월 동안의 개선 프로젝트 기간 중 시작 직후와 종료 직전 두 번 사용된다.

즉, 개선 전과 개선 후를 440항목에 걸쳐 재검증해서 어느 부분이 구체적으로 어떻게 바뀌었는지 개선 효과를 수치화한 자료를 바탕으로 고객 기업의 개선도(改善度)를 지표화해서 나타냈다.

그래서 개선 프로젝트는 필연적으로 '현장 밀착형' 컨설팅 형태로 이루어지도록 되어 있다. 현장 밀착형이란, '이론 강의'로 일관하고 있는 다른 컨설턴트와는 달리, 현장 안으로 깊숙이 파고들어 프로젝트 구성원과 함께 땀을 흘리면서 개선한다는 의미이다. 그것이 다른 컨설턴트에 없는 특징이다.

예전에, "사건은 회의실에서 일어나는 것이 아니다! 현장에서 일어난다!"라는 유행어를 내건 〈춤추는 대수사선〉이란 영화가 크게 히트했는데, 결국 OJT 솔루션즈의 개선 활동도 "문제는 현장에서 발생하지 회의실에서 발생하지 않는다!"라고 할 수 있을 것이다. 좀 더 자세히 살펴본다.

식품 회사인 H사의 사례에서도 설명했듯이 OJT 솔루션즈의 개선 활동은 주 3일은 현장에서 집중적으로 이루어진다. 그리고 주 전반 3일 동안 받은 교육을 주 후반에 실천한다. 주말에는 프로젝트 구성원에게 숙제도 내주는데 그것은 프로젝트 구성원이 전적으로 거기에 매달려야 하는 '전임'이 아니고서는 불가능하다.

현장 진단 양식을 만들자마자 도요타 관련 회사에 맨 처음 시험해 본 결과가 예상한 것 이상의 성과가 나와 그 시험 사례가 현재의 기본 모델이 되었다.

그 양식을 시험한 회사의 상무가 "현장의 과장이 매월 보고회에서 발표하는 것을 볼 때마다 그 사람이 점점 성장해 간다는 것을 충분히 느낄 수 있다. 사람이 이렇게도 바뀔 수 있구나." 하고 매우 기뻐했다고 한다.

한편, 나카무라도 "이런 방법으로 하면 인재는 육성된다.", "때를 잘 맞춰서 조언하면 된다."라는 구체적인 성공 체험을 얻을 수 있었다. 시험 사례는 매우 값진 자료가 되었다.

현장 진단 양식의 내용을 바꿔 나가면서 항목의 수도 늘리는 것은 지금까지의 유럽형 컨설턴트와 기본적으로 다른 점이다. 그것은 '현장·밀착형'과 '전임제 구성원'으로 만들어진 OJT 솔루션즈만의 독자적인 양식의 탄생이라고 할 수 있다.

OJT 솔루션즈의 '현장 진단 양식'이 다양한 개선 활동을 통해서 계속 진화해 나갈 수 있었던 것은 무엇일까? 그 답은 실제로 개선에 임하는 '인간'에 있었다.

지시받기 전에 먼저 나서라!

도요타 생산방식은 '인간 존중'을 위해서 있으며, 그것은 현장 작업자에게 생각하는 법을 가르치는 것이라고 할 수 있다. 그래서 작업자는 끊임없이 생각하며 또한 그러한 체제로 만들어 놓았다. 늘 생각에 생각을 거듭해 현장 개선에 힘을 기울이다 보면 반드시 성과가 나오게 마련이고, 그러면 제조 현장, 각 부서, 공장 전체가 좋아진다. 당연히 생각하지 않는 사람은 질책당하게 되어 있다.

그러나 도요타에서는 질책당한 사람은 어째서 자신이 질책을 당했는지 그 이유를 분명하게 알 수 있는 체제로 되어 있다. 기껏 한다고 했는데 질책당한 이유를 모른다면 억울하지 않겠는가. 하지만, 질책당한 이유를 알게 된다면 수긍할 것이다.

또한, 도요타는 열심히 노력하는 사람한테는 확실하게 보답해 주는 체제로도 되어 있다. 그것이 진정한 의미의 '성과주의'라고 할 수 있다.

수동적인 자세는 무슨 일이든 억지로 하게 돼 '성취감'을 느끼지 못한다. 나카무라와 구성원들도 "먼저 알아서 스스로 해!"라고 자주 질책받았다고 한다. "지시받기 전에 먼저 나서라!"라는 것이다. 도요타의 사람들은 모두 그러한 것을 훈련받아 왔으며 또한 OJT 솔루션즈의 트레이너들도 그러한 훈련이 되어 있다. 그래서 그 어떤 기업의 프로젝트를 맡아도 충분히 감당해 낼 수 있는 것이다.

2. 현장 진단 양식의 절대적인 위력

낭비를 낭비라고 생각하지 않는 잘못된 사내 풍조를 개선하라

나카무라가 현장 진단 양식을 사용해 어느 한 회사의 현장을 검증했을 때, 그 주력 공장의 원가 비율 중 원재료비가 이상하게 높은 것에 의문을 품고 윗사람에게 물어보니 "이 업계가 다 그렇다."라는 식의 대답이 돌아왔다. 게다가 이 회사의 원재료비는 공장에서 일하는 전 종업원의 인건비보다도 높았다. 원인은 제조 과정에서 나오는 대량의 '제품 찌꺼기'라 할 수 있는 '과잉 낭비되는 찌꺼기'라는 것을 알고 나카무라는 경악했다.

"우리는 옛날부터 '쌀알 하나만 떨어뜨려도 주워 먹어라.'라는 말을 들으며 자랐기 때문에 그 광경은 도저히 믿기지 않았습니다. 그 점을 따끔하게 지적했지만 당시 공장 측의 반응은 시큰둥했지요."

그것도 현장 진단 양식으로 말미암아 주력 공장 제조 과정의 문제점이 그 자리에서 발견된 경우이다. 나카무라는 사장과 교섭을 벌였다.

"기술이 하루가 다르게 발전하고 있는 세상에서 '제품 찌꺼기가 나오는 것이 당연하다.'라는 식의 생각을 태연하게 하고 있는 것 자체가 의아스럽습니다. 기술을 향상한다면 절대로 낭비되는 찌꺼기가 나오지 않도록 할 수 있습니다. 그것이 해결되면 경쟁 회사에 결코 지지 않을 것입니다!"

그 회사는 6개월 더 프로젝트를 연장하기로 했으며 얼마 후한 간부로부터, "역시, 이 제품 찌꺼기를 어떻게든 해야지 통진전이 안 되네요. 기술적으로 어려울 수 있겠으나 어쨌든 한번 해 봅시다!"라는 말이 나왔다.

그 즉시 기술 담당진이 소집되고, 제조 과정에서 발생하는 대량의 제품 찌꺼기를 없애는 근본적인 대책을 세우기 시작했다. 두 번째 무대의 후반, 첫 무대를 포함 OJT 솔루션즈의 개선 프로젝트가 시작된 지 실로 9개월여의 시간이 흐르고 있었다. 그러나 그제야 겨우 제대로 된 첫 발걸음을 떼었다.

왜냐하면, 9개월 걸려서라도 현장의 문제점을 자신들의 지혜로 개선하고 성과를 올리는 것이 무엇보다 중요하기 때문이다. 트레이너가 개선 방법을 가르치는 것은 단 몇 분만에도 끝날 수 있다. 그러나 그것은 앞으로 새로운 문제가 발생했을 때 자신들의 힘으로 개선하기까지 몇 년이 걸릴지 알 수 없는 일이다.

지금까지 그 공장에서 제품 찌꺼기의 발생이 문제시되지 않았던 데는 이유가 있었다. 완성품은 약 65그램 전후로 설정되어 있는데 어찌된 일인지 처음부터 평균 25그램 정도의 제품 찌꺼기가 발생할 것을 참작해서 작업하고 있었다. 아예 처음부터 제조 공정에서 나올 수 있는 불량을 미리 산정해서 넉넉하게 원재료를 투입한 정말 어이없는 일을 벌인 것이다. 나카무라가 '현장 진단 양식'으로 진단한 원재료비가 이상하게 높은 것은 그러한 제조 공정의 '낭비를 낭비라고 생각하지 않는 회사 풍조'에 원인이 있었다.

요컨대, 제조 라인의 실수가 아니라 그것을 조작하는 현장 작업자, 중간 관리자, 공장장을 포함한 공장 전체의 비용 의식의 결여라고 할 수 있다. 그래서 나카무라는 그 제품 찌꺼기를 양동이에 담아서 무게를 재는 방법을 취했다. 그리고 그것이 하루에 얼마만큼의 제품 분으로 나올지 환산하게 하였다. 나카무라는, "이것이 실제 상품이라면 얼마에 팔렸을까요? 이것을 보고도 전혀 아깝다고 생각되지 않습니까?"라고 말했다.

나카무라는 지금도 프로젝트 구성원들에게 스스로 지혜를 짜내 문제점을 기술적으로 개선하는 방법으로 지도해 오고 있다.

"기술적으로 불가능한 것은 절대로 없습니다. 구성원에게는 '이것이 개선된다면 다른 회사의 생산 효율을 뛰어넘을 것이다.' 라고 강조했습니다. 요컨대, 개선이 된다면 지금까지 한 개의 원재료로 100개의 제품이 만들어졌다면 앞으로는 150개 이상 만들어진다는 얘기지요. 아마 다른 회사도 이것은 미처 깨닫지 못하고 있을 것입니다. 기본적으로 만드는 방법은 같으니까요. 오히려 이 회사보다 대기업에서 더 많은 제품 찌꺼기가 나올 수 있습니다."

그 회사는 현재도 제품 찌꺼기 해소에 대한 개선에 힘을 기울이고 있는데, 그 성과가 벌써 나오기 시작했다고 한다. 그야말로 OJT 솔루션즈의 개선 활동은 작은 것부터 착실히, 먼지도 쌓이면 태산이라는 신념으로 시작한다.

모르는 것은 약이 아니라 죄!

어느 기업의 사장이 생산 현장에 대한 위기감을 느끼고 있다고 하자. 그러나 그 사장의 메시지를 사보와 사내 방송과 비디오 등의 도구를 통해서 어떻게든 전사적으로 철저하게 알리려고 하는 자세를 갖춘 회사는 적다. 설령 사보에 메시지가 실려 있다 해도 실질적으로 어떻게 극복할 것인가에 대한 구체적인 방법까지 전하고 있는 기업은 극히 드물다고 해도 좋다.

OJT 솔루션즈가 고객 기업 사장의 메시지가 전 사원에게 제대로 전달되는지를 조사했을 때 대부분의 기업 생산 현장에서 "사장의 메시지는 본 적도 없다.", "사보 같은 것은 읽은 적도 없다."라는 대답이 압도적으로 많았다. 그것은 생산 관리의 문제를 뛰어넘어 회사 전체의 조직상의 문제이기도 하다.

그러면 아무리 최고 경영자가 "생산 효율을 개선하자!"라고 크게 외쳐도 정작 가장 중요한 생산 현장이 움직여 줄 리 만무하다. 그야말로 '멍석을 깔아 놓아도 멍하니 서 있는 꼴'이다. OJT 솔루션즈의 현장 진단 양식은 이러한 조직상의 문제점까지 세밀하게 찾아낸다.

현재 도요타는, 새로운 회사 방침과 연간 방침이 세워지면 반드시 〈크리에이션〉이라는 사보에 모든 정보를 게재한다. 도요타에서 사보에 정보가 실린다는 것은 반드시 알아두어야 하는 것을 의미할 뿐 아니라 모르면 "자네는 사보도 보지 않는가!"라는 식으로 치부된다. "모른다."라는 비개선적인 행위는 도요타에 있는 한 도저히 묵과할 수 없는 체제로 되어 있다.

사원한테는 제조 현장 이외의 정보 즉, 업계의 정세, 회사의 업적, 원가율, 수익률 등의 정보도 중요하다. 정보가 없는 곳에 개선이란 있을 수 없다. 게다가 도요타에서는 '나쁜 정보' 일수록 최우선적으로 재빨리 상사에게 보고하도록 되어 있다. 나카무라는, "나쁜 정보를 최우선적으로 알리지 않으면 질책당하는 것보다, 부하가 비록 아무 말 하지 않았다 하더라도 상사는 다 알게 되어 있지요. 도요타에서는 현장의 생산 대수는 생산부장의 사무실로 직결돼 모니터할 수 있도록 되어 있어 생산 대수가 떨어지는 것을 실시간으로 보고하지 않으면 부장 쪽에서 먼저 '지금 뭐 하고 있어!' 라는 말이 나옵니다." 라고 말한다. 그러니까 지시받기 전에 알아서 한다. 그러나 도요타에서는 당연한 이러한 체제가 고객 기업에는 거의 볼 수 없는 것에 나카무라는 놀랐다.

  개선을 지향하는 생산 현장에서는 모르는 게 '약' 은 용납되지 않는다. 그것은 그저 '죄' 일 뿐이다.

3. 바람직한 모습으로 가기 위한 문제점 조사

지향하는 목표는?

나카무라 수석 트레이너가 지향하는 것은 도요타 생산방식에 숙달된 트레이너를 고객 기업의 제조 현장에 파견해, 현장에서 On the Job Training을 통해서 인재교육을 하는 도요타식 현장 개선 활동이었다.

개선의 평가 기준은 나카무라가 40년간 일하면서 몸으로 익혀 온 '도요타 자동차 현장의 이상형'이 토대이다. 즉, ①생산성 향상, 품질 향상, 원가 절감을 지향하면서 현장이 자립적으로 생산 활동을 제대로 하고 있는지, ②인재육성의 중요성을 인식하면서 지속적으로 후계자 육성을 하고 있는지 하는 판단 기준이다.

여기서 말하는 '도요타의 이상형'이란, 도요타 바람직한 모습이다. 도요타식 개선의 힌트는 그 바람직한 모습이라는 말의 의미에 들어 있다고 해도 과언은 아니다. OJT 솔루션즈의 고객 기업의 바람직한 모습이란, 생산 현장의 문제점을 해결하면 반드시 실현할 수 있는 '이상적인 모습'이라는 의미이다.

즉, 자신들의 바람직한 모습을 떠올리며 현실의 모습과의 차이를 찾아낸다면 그 사이에 가로놓인 '문제점'을 확실하게 드러낼 수 있다. 그 명확히 드러난 문제점을 하나하나 개선해 없애 가면 반드시 '이상적인 모습'에 도달할 수 있다는 것이 도요

▶ 도요타의 바람직한 모습에 개선 힌트가 있다

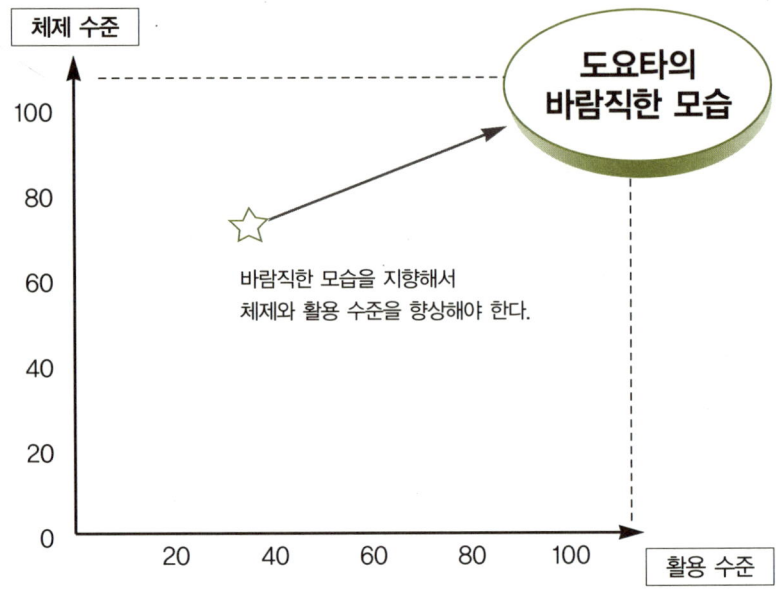

타 생산방식의 근저에 깔린 사고방식이다.

그러나 외부에서 강제로 바람직한 모습을 강요해서는 안 된다. 어디까지나 고객 기업의 바람직한 모습은 고객 기업이 원하는 모습이어야 한다. OJT 솔루션즈의 개선 프로젝트의 기본은 그 바람직한 모습을 기업 고객이 인식하고, 스스로 해결 방법을 찾아가는 것부터 시작한다. 당연히 현실의 모습과 비교하면서 바람직한 모습으로 가기 위해 문제점을 어떻게 해결해야 하는지 온갖 지혜가 동원되게 마련이다.

OJT 솔루션즈의 트레이너는 생산 현장에서 프로젝트 구성원과 함께 땀투성이가 되어 그 '지혜의 힌트'를 생각하고 있다. 게다가 도요타에서는 통상 '도요타적인 말'로 의사소통했던 트레이너들도 고객 기업의 현장 속에서는 그러한 '도요타적인 말'을 구사해도 좀처럼 이해받지 못하는 일이 많다.

그런 만큼 트레이너들은 '도요타적인 말'보다는 저절로 경험으로 축적되는 '아버지의 등'을 보여주며 이해하게 한다고 하는 지극히 아날로그적인 지도 방법으로 실천하고 있다. OJT 솔루션즈의 간부는, "말보다는 실천입니다. 개선은 이론 강의만으로는 가르칠 수 없습니다."라고 말한다.

현장의 강점과 약점을 먼저 현장 진단 양식으로 파악

현장 진단을 위해서는 그 현장의 강점과 약점을 수치로 나타내야 한다. 그 때문에 도요타에서 실행하고 있는 경영 관리의 5대 항목(안전 관리, 생산 관리, 품질 관리, 원가 관리, 현장 관리)을 바탕으로 생산, 품질, 원가, 현장이라는 네 가지 틀을 현장 진단 양식의 골격으로 갖추어 놓았다.

안전 관리 항목을 굳이 넣지 않은 이유는 도요타 생산방식을 확실하게 이행하면 저절로 안전 대책으로 연결된다는 판단이 섰기 때문이지 결코 안전을 무시해서가 아니다.

나카무라는 먼저 현장 진단 양식의 진단 항목을 추리는 것부터 시작했다. 지금까지 도요타 시절의 경험으로 생산, 품질, 원가, 현장의 네 가지 틀을 각각 다섯 가지의 요소로 분류해서, 실제 진단에 최소한으로 필요한 33개의 진단 기준 항목을 만들었다. 그 33항목을 바탕으로 실제로 도요타 관련 기업 한 곳을 선정해서 6개월 동안 현장 실험을 거치기로 했다.

　실험 결과, 그 33항목을 실제 현장에서 사용할 수 있을까 하는 모두의 걱정을 말끔하게 떨쳐 버리고 기대 이상의 성과를 올렸다는 것을 앞서 언급한 바 있다. 예컨대, 시간 관리와 적정 인원 배치가 제대로 되어 있지 않은 등의 그 공장이 지니고 있는 문제점을 확연하게 들추어 낼 수 있었다. 나카무라는 그 실험 결과를 토대로 "할 수 있다."라는 확신을 가졌다.

　처음 만든 그 33항목의 진단 양식으로 해당 기업의 현장의 강점과 약점을 수치화해서 객관적으로 평가할 수 있었다. 계속해서 그 진단 항목으로 지금까지 50여 사가 넘는 고객 기업의 개선 활동에서 얻은 실천적인 사항이 덧붙여지면서 현재는 440항목에 이르고 있다. 그로 말미암아 훨씬 세밀하고 정확한 현장 진단이 가능해졌다.

　그 현장 진단 양식의 효과에 대해서 나카무라는, "440항목이나 되는 진단 항목으로 고객 기업이 시스템을 제대로 갖추었는지, 또 그것을 제대로 잘 활용하고 있는지의 여부를 확실하게 알 수 있었습니다. 도요타도 도요타 생산방식이라는 논리 정연한 체제가 있다 해도 실제로 그것을 활용하지 않으면 개선 효과는 기대할 수 없습니다. 따라서 진단 양식의 결과를 바탕으로 고객 기업의 체제와 활용을 나타내는 상관도를 만들어서 개선 수준이 어느 정도의 위치에 있는지를 파악하기로 했습니다."라고 설명하고 있다.

▶ 현장 진단 양식의 네 가지 틀

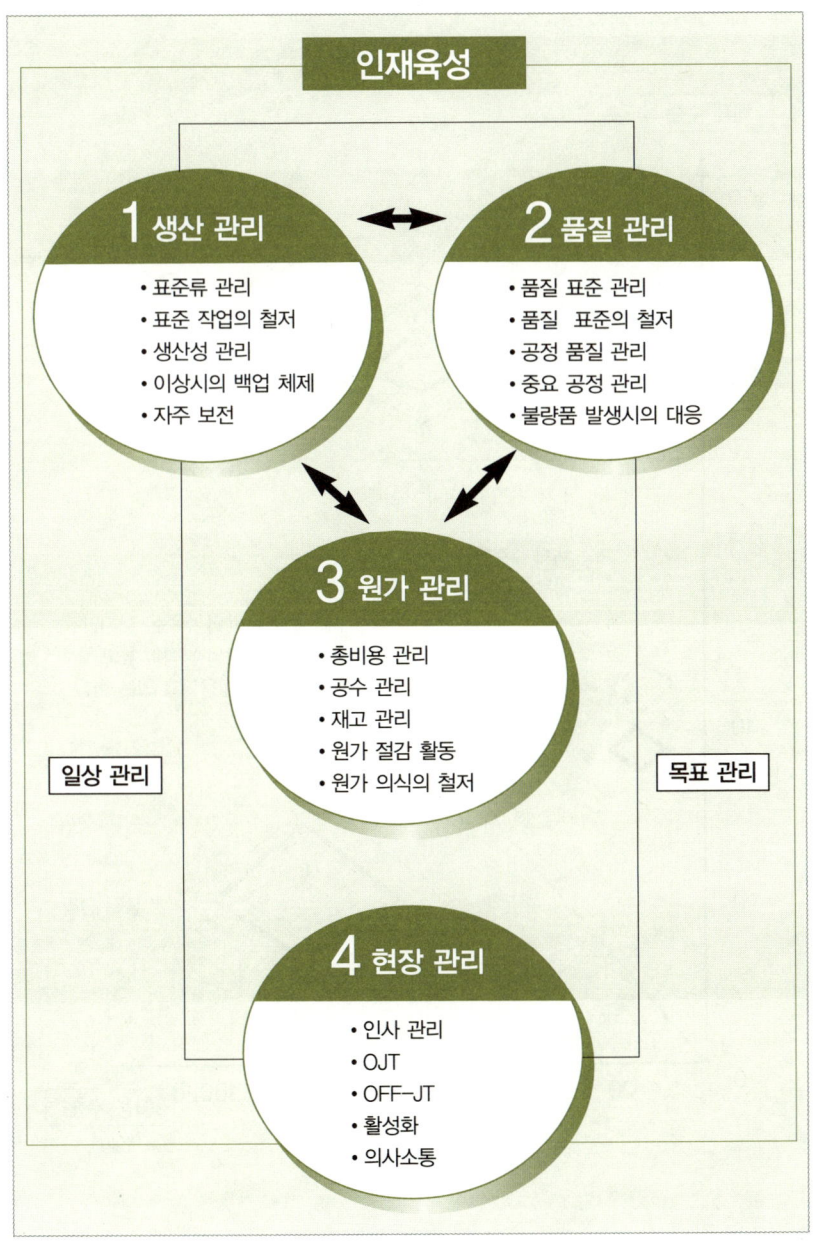

3장 최강의 현장 진단 양식으로 문제점을 찾아내라

▶ '바람직한 모습' 체제와 활용의 상관도

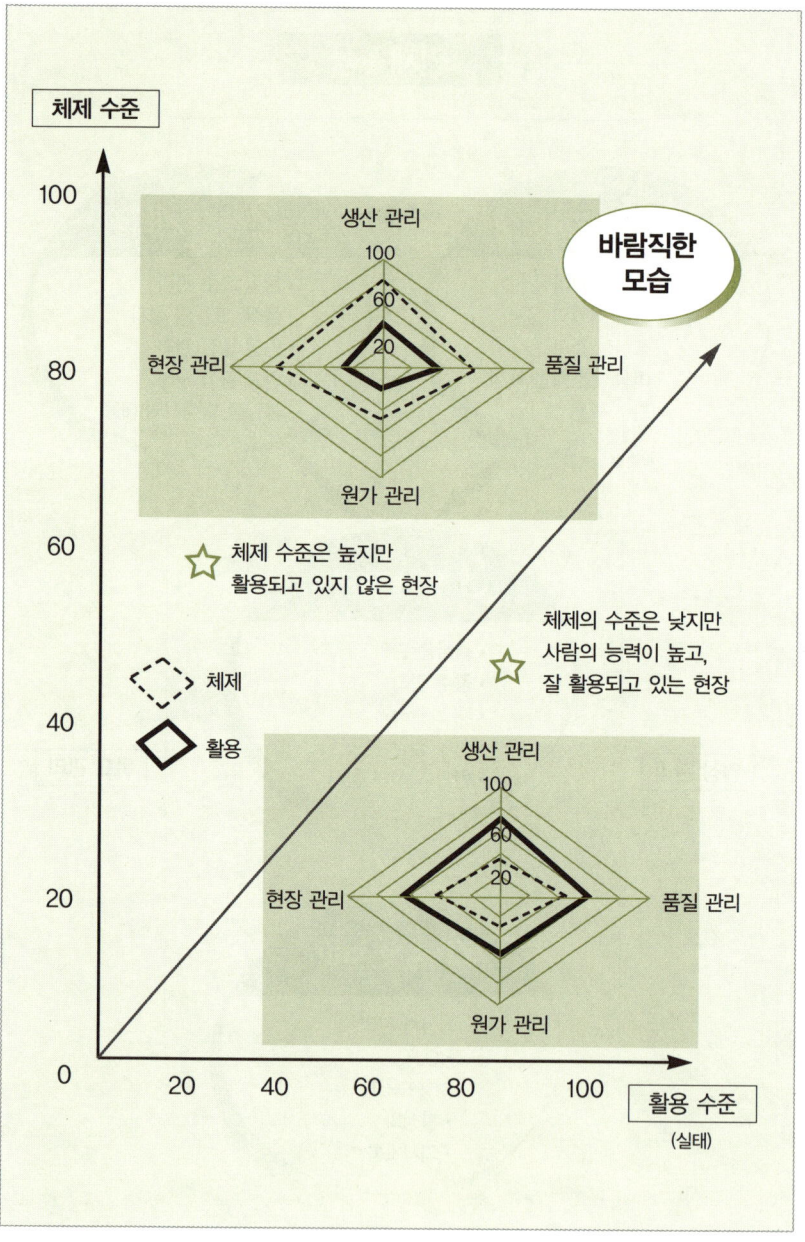

그 상관도의 세로축에는 시스템 수준, 가로축에는 활용 실태 수준을 100으로 표시해서 어디에 문제가 있는지, 네 가지 틀 중에 어디가 취약한지를 한눈에 알아볼 수 있도록 고안했다. 그에 대해 나카무라의 설명을 들어보면, "체제와 활용 상태가 각각 50점인 기업은 어느 정도 균형을 이루고 있기 때문에 체제를 제대로 갖추면 얼마든지 잘 활용할 수 있습니다. 반대로 체제는 80점이라도 활용이 20점인 기업은 개선하기 매우 어렵습니다. 철저도가 약하다는 것은 관리 감독자의 영향력이 취약하다는 것입니다. 즉, 그 균형이 제대로 이루어져 있지 않은 기업은 현장의 관리 감독자의 현장 운영 능력과 지도력에 문제 있습니다. 매우 훌륭한 체제를 갖추어 놓고도 제대로 꾸려 나가지 못한다는 것은 사람 관리가 안 되고 있다는 증거입니다. 오히려 체제의 수준이 낮더라도 제대로 잘 활용되고 있는 것이 더 중요합니다."라고 한다.

상관도에 나타난 종합 점수가 비록 낮더라도 양쪽이 균형을 이루면 오히려 개선할 수 있는 여지가 훨씬 많다.

솔루션 제안서에 나타난 현장의 약점

나카무라는 실제로 직장의 체제와 활용 실태를 파악하기 위해 이틀간에 걸쳐서 철저한 현장 진단 시스템을 고안해 냈다.

진단 첫째 날 아침에 고객 기업의 현장 책임자인 담당자를 회의실로 부른다. 그 안에서 오전 중 내내 생산 관리, 품질 관리, 원가 관리, 현장 관리라고 하는 네 가지 틀별로 한 시간씩 모두

4시간에 걸친 문답 시간을 갖는다.

　문답 방법은 진단 항목별로 구체적으로 질문하면 담당자가 "그런 시스템으로 되어 있는지."에 대해 예, 아니오로 대답하는 형식이다. 그리고 그날 오후에 오전의 자료를 바탕으로 현장에서 철저한 확인 작업을 또 4시간에 걸쳐 시행한다.

　문답 시간에 주고받았던 사항들이 실제로 시행되고 있는지를 현장에 가서 직접 확인하는 것이다. 점수를 잘 받으려고 좋게 대답해도 실제로 현장에 가서 확인하면 다 탄로나게 되어 있다.

　그때 나카무라가 행하는 '의식'이 있다. 앞에서도 언급했지만 자신의 집게손가락으로 현장의 기계와 제조 라인의 곳곳의 먼지를 문질러 보인다. 집게손가락에 묻은 먼지와 쓰레기를 현장 담당자에게 보이며 "이래도 청소하고 있다는 것인가?"라며 그들의 콧대를 꺾는다. 이른바 5S(정리, 정돈, 청소, 청결, 습관화)가 수행되고 있는지를 확인하는 것이며, 그것도 현장의 눈에 보이지 않는 뒷부분의 5S가 제대로 이루어지고 있는지를 확인한다.

　즉, 화장실을 보면 그 집을 알 수 있다는 것을 깨닫게 해 주는 셈이다. 현장의 뒤쪽으로 가 보면 대부분 그 회사의 상태를 알 수 있다. 뒤쪽의 5S는 거의 엉망이다.

　5S는 모든 현장 관리의 기본이다. 그 목적은, 그저 단순히 현장을 깨끗하게 유지하려고 그러는 것만은 아니다. 그것은 도요타가 지향하는 초 단위, 밀리미터 단위로 관리하기 위해 반드시 필요한 조건이다. 재고가 산처럼 쌓여 있거나 물건이 여기저기

흩어져 있는 작업 현장에서는 문제점이 제대로 보이지 않는다. 즉, 5S를 철저히 하는 것으로 말미암아 무엇이 필요하고 무엇이 불필요한지가 보이게 되는 것이다.

진단 둘째 날은 고객 기업에 솔루션(문제 해결) 제안을 하기 위해 실제로 현장 검증 작업에 들어간다.

첫날의 진단 양식을 바탕으로 문답 조사한 결과를 참고하여 실제로 어떻게 개선해야 좋을지, 어떤 점이 문제인지 관리 감독자인 담당 과장들의 의견을 들으면서 검증한다.

그러한 현장 구석구석까지 파고드는 철저한 진단 시스템으로 OJT 솔루션즈는 고객 기업 생산 현장의 문제점을 엄격하게 지적하는 솔루션 제안서라는 보고서를 작성해서 실제 개선 프로젝트의 행동 지침으로 사용하고 있다. 솔루션 제안서는 수십 장에 이르는 현장 진단으로 수집된 상세한 자료와 현장 작업을 실제의 검증 작업을 통해 수치화한 그래프와 삽화로 구성되어 있다. 그 솔루션 제안서는 그야말로 현재의 고객 기업 생산 현장의 모든 약점이 쓰여 있기 때문에 '1급 기밀 자료'의 하나로 지정하고 있다.

즉, 고객 기업은 OJT 솔루션즈의 개선 실적의 신뢰를 바탕으로 생산 현장의 모든 정보를 OJT 솔루션즈에게 공개하면서까지 매일 매일의 개선 활동에 온 힘을 기울이고 있다.

4장

생산 관리의 현장을 철저히 개선하라

1. 생산 관리야말로 가장 중요한 틀
2. 생산 관리에서 중요한 것은 세 가지 표준 도표
3. 사람과 기계를 어떻게 조합시킬 것인가?
4. 간판 방식을 철저히 하기 위해서는
5. 빈발 정지 대책

1. 생산 관리야말로 가장 중요한 틀

표준이 정해져 있는가, 실행되고 있는가?

비장의 현장 진단 양식의 중요 핵심을 OJT 솔루션즈의 허락 하에 독자가 자력으로 활용할 수 있도록 실제 예를 소개하면서 설명하고자 한다.

네 가지 틀 중에서 가장 중요한 항목은 생산 관리라고 나카무라는 생각한다. 그 주제어는 '표준'이다. 여기서 말하는 표준이란, 정해진 방식과 시스템을 의미한다.

OJT 솔루션즈의 개선 프로젝트를 시작한 어느 한 공장의 책임자는 "우리가 그때까지 생각도 못했던 것까지 지적받아서 놀랐다."라고 한다. 확실히 이전의 컨설턴트와는 보는 관점이 달랐다. 그것이 바로 '표준'이라는 사고방식이다.

즉, 고객 기업이 도요타의 간판 방식을 도입할 것인지 말 것인지와 같은 단순한 문제가 아니다. 요컨대, 표준 기준이라는 개념과 필요한 만큼만 만든다는 개념이 얼마나 없는지를 인식하게 하는 것부터 시작한다. 물론, 도요타 이외의 다른 기업의 방식이 모두 틀렸다고 말하는 것은 아니다. 그러나 표준 기준이나 지표라고 하는 점에서 보면 절대적으로 취약한 기업이 많다.

"표준이 정해져 있는지, 그리고 그것이 확실하게 실행되고 있는지. 그것이 가장 중요한 핵심입니다."라고 나카무라 수석 트레이너는 '표준'이라는 사고방식의 중요성을 강조한다.

표준 작업의 책정은 관리 감독자의 책임이다

OJT 솔루션즈의 현장 진단 양식 가운데 생산 관리 진단 항목은 표준식 관리, 철저한 표준 작업, 생산성 관리, 이상시 백업 체제, 자주적 보전의 다섯 가지로 분류된다.

도요타는 생산 효율을 높이기 위해 제품과 기계와 사람의 움직임을 효율적으로 운용하는 시스템 만들기를 철저히 하고 있다. 그것이 '표준 작업'이라고 하는 개념의 기본적인 사고방식이다.

그 표준 작업은 현장의 관리 감독자가 작성하게 되어 있다. 현지・현물주의를 중요시하는 도요타는 현장의 판단을 가장 우선시한다. 현장의 실정을 모르는 제3자가 만든 표준 작업이 실제의 현장에서 제대로 기능을 할 리 없기 때문이다.

OJT 솔루션즈의 트레이너가 특별히 '마법의 지팡이'를 갖고 있는 것이 아니다. 정말로 착실하게 당연한 일을 제대로 해 나가는 것뿐이다. 그 '당연한 일을 제대로 해 나가는 것'을 4S다, 5S다 간판을 내거는 기업일수록 오히려 더 못하고 있으며 또 그 의미조차도 모르고 있다.

그리고 도요타가 말하고 있는 '표준'은 다른 기업에도 비슷한 것은 있다. 그러나 실제로는 현장의 작업자가 사용할 수 없는 것이 대부분이다. 사용할 수 없는 것을 ISO(국제표준화기구) 규격으로 만들었다고는 하지만, 그 누구도 그게 어디 있는지 모르고 있는 게 현실이다.

도요타식 표준 작업은 매일 매일 개선을 해 나가는 가운데 상황에 맞게 개정되면서 추가해 간다. 그 개정 작업을 행하는 것은 현장의 관리 감독자에게 부여된 중대한 직책의 하나이다. 따라서 도요타에서 표준 작업이 상황에 맞게 정해져 있지 않은 곳은 그 현장 관리 감독자가 무능하다는 증거이다. 그것은 OJT 솔루션즈가 개선에 임하는 고객 기업의 현장에도 그대로 적용하는 점검 사항이다.

▶ 생산 관리의 진단 항목

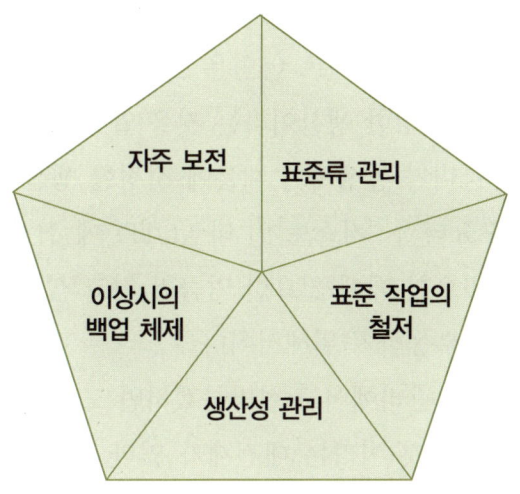

택트 타임은 낭비를 제거하는 기본 시간

표준 작업은 택트 타임, 작업 순서, 표준 재공 이 세 가지 요소로 구성되어 있다.

택트 타임이란, 하나의 부품이 가공을 시작하여 완료될 때까지 반복되는 순환 시간으로 제품 하나를 완성하는 데 소요되는 적정한 생산 시간이다. 그것은 생산하는 데 산이나 골짜기를 만들지 않고 '저스트 인 타임(JIT)'으로 낭비 없이 생산 계획을 세우기 위한 기본 시간이다. "필요한 때에 필요한 만큼만 만든다."라는 도요타식 '저스트 인 타임(JIT)'을 철저히 지키려면 먼저 1일 생산 필요 개수를 1일 가동 시간으로 나눠서 한 개 만드는 데 드는 적정한 제조 시간을 알아 놓을 필요가 있다.

예컨대, 월간 필요 개수가 9,600개이고 가동 일수가 20일이라 하면 1일 필요 개수는 480개이다. 게다가 1일 가동 시간이 480분(8시간)이라면 택트 타임은 1분이다. 즉, 1분에 한 개 만드는 데 드는 적정한 생산이라는 것을 알 수 있다. 그것을 웃돌든 밑돌든 낭비가 발생하기 때문에 적정한 생산 체제를 유지할 수 없다. 도요타가 '저스트 인 타임(JIT)'에 집착하는 것은 "필요한 것을 필요한 때에 필요한 만큼만 갖고 싶어 한다."라는 고객의 요구에 부응하기 위해서이다.

앞으로 원가 관리에서도 설명하겠지만 도요타에서는 '원가도 고객이 정하는 것'이라는 대전제가 있다. 즉, "모든 제품의 가치관을 결정하는 것은 고객이다."라는 사고방식이다. 그 철저한 '고객주의'를 실현하기 위해 만들어진 것이 바로 '도요타 생산방식'이다.

▶ 표준 작업은 세가지 요소로

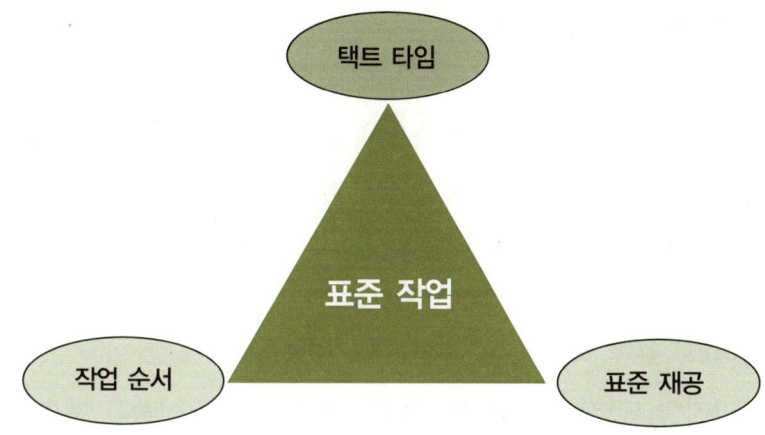

작업 순서는 낭비를 제거하는 작업의 규칙(rule)

작업 순서란, 무리, 낭비, 불균일을 없애는 작업 전반의 약속이다. 작업자의 움직임을 세분화해서 오른손 사용 방법부터 다리의 위치까지 정확히 정해진 작업 순서에 따라 가장 합리적으로 일할 수 있도록 정해진 작업의 순번이 작업 순서이다. 작업 순서를 명확히 해 놓지 않으면, 작업자가 자기 편한 순서로 작업을 하게 되고 그러면 작업에 산포가 생겨 불량품이 발생하기 쉽다. 그 작업 순서를 관리 감독자가 점검하고 있으면 작업이 올바르게 이루어지고 있는지 제대로 파악할 수 있다. 정해진 작업 순서에 따라서 작업 순서대로 물건을 만들면 낭비, 무리, 불균일이 없는 제품을 완성할 수 있다.

OJT 솔루션즈는 현장 개선 활동도 그러한 과정을 작업자에게 철저히 지키게 하는 것부터 시작한다. 생산 효율을 높이려면 작업 순서의 낭비, 무리, 불균일을 없애는 '작업의 표준화'를 확립하는 것이 중요하다.

표준 재공은 공정 내의 최소한의 재고

표준 재공이란, 작업 공정에서 최소한 필요하다고 생각되는 재공품(생산 과정 중에 있는 물품)의 수량에 대한 규정이다. 바꾸어 말하면 "더 이상의 수량은 과잉 재고로 취급한다."라는 약속이다. 표준 재공은 실제로 생산 라인에서 돌고 있는 것만을 가리키며, 공정 이전의 원재료와 공정 후의 완성품은 계산하지 않는다.

하나의 제품이 작업 순서에 따라서 다양한 공정 내에서 가공되어 작업자의 손을 떠나지 않고 완성품까지 흐르는 한, 이치상으로는 재공품은 존재하지 않는다. 하지만, 어떠한 이유로 작업 순서가 거꾸로 되었을 경우 작업자의 수중을 벗어나는 재공품이 나온다.

그리고 재공품은, 작업자의 해석에 달려 있어 얼마든지 숨겨진 재공품으로 쌓여 있을 수 있다. 전공정과 후공정 사이에 인수와 생산의 지시를 적시에 전달할 수 있는 간판 방식에서조차 간판의 수량이 많아질수록 각 공정에 놓여진 재공품도 많아진다. 그렇게 되면 어디까지가 과잉 재고인지 알 수 없다. 따라서 그 재공품의 수량을 줄이지 않으면 고객 요구에 맞춘 제품을 시기적절하게 생산할 수 없다. 그래서 "이 기계의 표준 재공은 세 개까지다."라는 표준을 정한다.

풀 워크 시스템은 사람 인(人)변 붙은 자립 제어 기능

　게다가, 도요타에는 '풀 워크 시스템'이라는 체제가 있다. '지혜가 부여되어 있지 않은 자동화'로는 생산 능력이 다른 기계의 공정 간에 재고가 발생하기 쉽다. 그래서 기계마다 표준 재공의 개수를 정해 그 이상이 되면 리미터로 기계를 '자동적'으로 멈추게 한다. 예컨대, 능력이 높은 기계의 표준 재공을 정해서 그 이상이 되면 '자동적'으로 멈추게 하고, 적어지면 다시 가동시킨다. 그러면, 후공정의 능력이 낮은 기계는 항상 안정된 가동 상태를 유지할 수 있으며, 과잉 생산과 결함이 있는 제품을 미리 막을 수 있다.

　이것도 기계에 자립 기능을 갖게 하는 '사람 인(人)변 붙은 자동화(自働化)'와 '표준 재공'을 편성한 것으로 각 공정을 연동해서 가동시키는 도요타 생산방식의 획기적인 체제의 하나라고 할 수 있다. 과잉 생산은 재고의 낭비를 낳을 뿐 아니라 여분의 공간을 점령하고 나아가 운반의 낭비를 만들어 내는 원흉이 된다.

　표준 작업이란, 그러한 숨겨진 낭비를 철저하게 배제하기 위한 규칙이며 택트 타임, 작업 순서, 표준 재공이라는 세 가지 분야에서 철저한 '표준화' 시행으로 도요타 생산방식의 기본을 뒷받침해 주고 있다.

　생산 현장에 배속된 새내기는 먼저 그 표준 작업을 이해하고 실천하는 것부터 시작한다. 또한, 현장에서 문제와 착오가 발생했을 때도 반드시 표준 작업으로 되돌아가서 문제점을 찾도록 훈련받고 있다. 이른바 생산 현장에서의 '작업의 원점'이라고 할 수 있다.

▶ 풀 워크 시스템

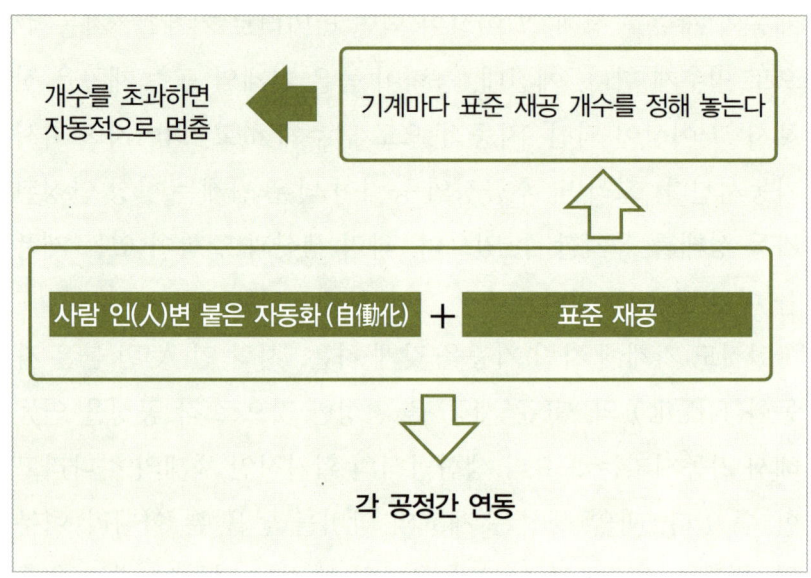

2. 생산 관리에서 중요한 것은 세 가지 표준 도표

표준 작업 조합표란?

생산 관리의 중요한 점검 사항은 표준 작업 조합표, 표준 작업표, 생산 관리표라는 세 가지 표준 도표가 있는가 하는 점이다.

표준 작업 조합표란, 작업자와 기계의 움직임 편성을 알기 쉽게 한 것으로 누가, 무엇을, 어떤 순서로, 어떻게 작업하는가? 하는 도표이다.

구체적으로는 각 공정의 수작업 시간과 보행 시간까지도 스톱워치로 재서 택트 타임 내에 한 사람의 작업자가 어느 정도 범위의 공정을 담당할 수 있는지를 명문화 한 것에다, 기계의 자동 이송 시간을 편성해서 사람과 기계의 시간 관리가 적절한지를 판단하는 기준이 된다.

표준 작업 조합표의 일례는 뒤에 가서 자세히 소개하기로 한다.

표준 작업 조합표의 세로축에는 작업 명칭이 작업 순으로 위부터 나열된다. 그리고 가로축은 각각의 작업 시간으로 수작업, 자동 이송, 보행의 세 가지로 구분된 시간이 초 단위로 기입되며, 한 눈금이 1초로 표기된 작업의 흐름을 한눈에 알아볼 수 있도록 가로 방향으로 크게 그래프화 되어 있다. 그것이 도요타식 '사람과 기계의 시간 관리' 이다.

작업자의 동작이 1초 단위로 그래프화 되어 있는 것에 놀랄 수도 있다. 그러나 다른 작업자가 보아도 한눈에 알아볼 수 있도록 철저한 시각화로, 작업 순서의 확인과 작업자끼리의 연계,

그리고 현장의 관리 감독자가 필요한 작업 정보를 점검할 수 있다는 데 큰 의미가 있다.

OJT 솔루션즈의 지도로 맨 처음 이 표준 작업 조합표를 도입했을 때, 현장의 저항도 적지 않았다고 한다.

"도요타 자동차의 제조 속도와 우리 공장 제품 제조 속도와는 너무 큰 차이가 난다. 게다가 작업자의 동작을 초 단위까지 측정해서 나타낼 필요가 꼭 있는가?"라는 것이었다. 초 단위로 작업자의 동작을 측정하는 그 효과의 진위를 의심하는 것도 모르는바 아니다.

그러나 실제로, 자신들의 작업 동작을 초 단위로 그래프화한 것을 보면, 놀랄 정도로 낭비가 많은 것에 현장 작업자들 자신이 비로소 깨닫는다. "개선을 지시하는 것만으로는 소용없다. 낭비를 알기 쉽게 보여주지 않으면 현장을 설득하는 것은 불가능하다. 개선하는 것은 바로 프로젝트 구성원 자신이기 때문이다." 트레이너의 감회 어린 말이다.

▶ 세 가지 표준 도표'란?

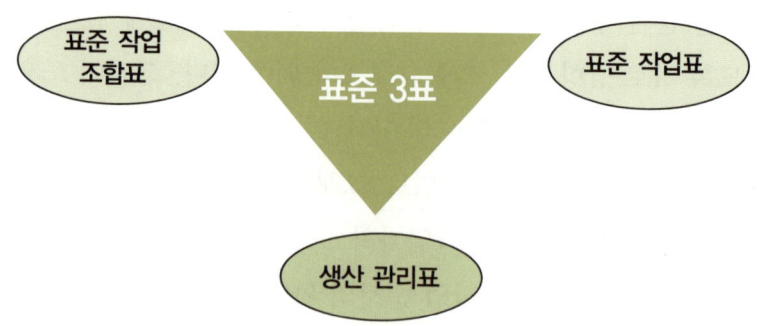

표준 작업표란? – 오른손으로 결정했다면 왼손을 써서는 안 된다

표준 작업표란 무엇일까? 그것은 "그 작업을 어떤 동작으로 할 것인가?"라는 작업을 도표화한 것이다. 우선 어느 작업을 누가 하는가? 어떤 동작으로 하는가? 몇 초에 할 수 있는 작업인가?에 대해서 현장의 관리 감독자가 전부 통일된 규칙(rule)을 정한다. 즉, 누가 하더라도 똑같은 움직임이 되도록 무리, 낭비, 불균일이 없는 작업 순서를 표준화해서 그 표준 작업을 시각화한 것이다. 사람에 따라서 일하는 방식이 제각각 다른 것은 작업 효율도 낮을뿐더러 실수도 자주 발생하기 때문이다.

도요타에서는 오른손으로 한다고 결정했으면 왼손을 써서는 안 된다는 표준을 지킬 것을 엄격하게 요구하고 있다. 표준은 초 단위로 정한다. 표준 작업표에는 작업 공정 순으로 '부품을 꺼낸다 — 59초', '보행 — 22초', '나사를 조인다 — 275초', '보행 — 15초'와 같이 보행 시간에 이르기까지 세부적으로 기재되어 있다.

보행 시간이 길 경우는 작업 배치를 바꾸거나 순서를 다시 생각할 필요가 있다. 예컨대, 작업대를 고작 20센티 올려서 선 채로 작업할 수 있도록 한 것뿐인데, 효율은 비약적으로 오르면서도 시간이 대폭 단축되는 경우도 적지 않다.

반대로, 효율이 낮은 표준 작업표를 사용하고 있으면 아무리 작업자가 열심히 해도 생산 효율을 높일 수 없다. 그것은 표준 작업표를 작성한 관리 감독자의 책임이다. 따라서 올바른 표준

▶ 표준 작업 조합표 – 1초 단위로 시각화한다

품번·품명				표준 작업 조합표	
공 정					

작업순		수작업		작업 시간 (단위 : 초) 5 10 15 20 25 30 35 40	
1	도구를 찾는다	100			
2	제품 치수 측정	7			
3/1	제품을 기계에 장착				
4/2	공구를 집는다	52	0		
5/3	가이드 롤러				
6/4	제품 장착				
7/5	자료 입력	17			
8/6	제품 이송 조정	5			
9/7	자료 입력	8			
10	이송확인				
11	이송 조정	120	1		
12	나온 제품을 대차에 놓는다	3	0 1		
13/8	제품 검사	53	0		
14/9	자료 입력	11			

- 시작 위치에 장치를 장착
- 제품 치수 일람표 실측 측정은 외준비 교체
- 전용 공구 장치를 장착
- 총 1,300초의 시간 단축
- 회(回)당 6,500개의 생산 공수 UP

제작 년월일	근무형태당 필요수			수작업
소 속	택트 타임			자동 이송
				보행

개선 후 ← 　　　　　　　　　　　　**장치의 표준화**

4장 생산 관리의 현장을 철저히 개선하라

▶ 표준 작업표 –그 작업을 어떤 동작으로 할 것인가 하는 작업도

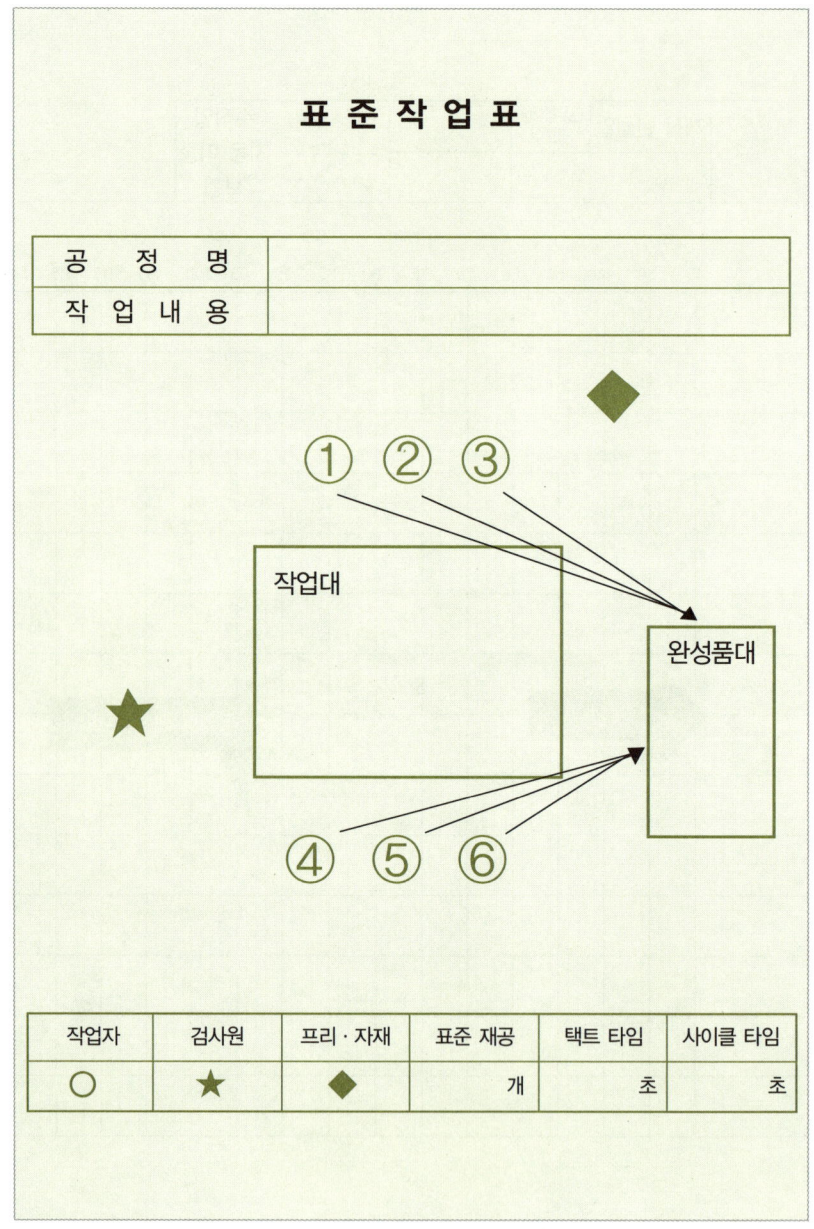

작업을 철저히 하기 위해서는 때로는 관리 감독자의 교체도 필요하다. 실제로, 앞에서 언급한 H사의 공장장 교체 사례에서 소개한 것처럼 정체되어 있던 OJT 솔루션즈의 개선 활동이 관리 감독자 교체 하나로 단번에 순조롭게 진척되기 시작했다는 실례는 적지 않다.

조직은 사람 하기 나름이다. 연공서열에 따라서 관리 능력도 없이 관리 감독자가 되거나 지도자를 두고 있는 조직은 안타깝지만 지도자를 바꿀 수밖에 없다. OJT 솔루션즈의 개선 활동은 '사람을 바꾸는 것'과 동시에 '사람을 대신하는 것'의 효과도 있다.

작업 요령서의 성패가 프로젝트 성공의 열쇠를 쥔다

OJT 솔루션즈에 개선 의뢰를 하는 대부분의 고객 기업은 그와 같은 표준 작업이라는 개념을 갖고 있지 않았다. 그래서 실제로 OJT 솔루션즈의 개선 활동에 활용된 것은 표준 작업표를 각 작업자의 수준으로 낮춰서 만든 작업 요령서이다. 그것은, 작업자 스스로 촬영한 디지털카메라 사진을 이용해서 자신이 행하고 있는 작업의 '감과 요령'을 시각화한 도구이다.

표준 작업표에는 "①,②,③의 순서로 버튼을 누른다."라는 작업 순서로 규정되어 있다. 그러나 작업 요령서에는 "①의 버튼을 누르고 공기의 소리로 뚜껑이 닫혀 있는지를 확인한 다음, ②와 ③의 버튼을 동시에 누른다."와 같은 '감과 요령'이 포함되어 있다.

이와 같이 표준 작업에 장인의 감과 요령이 더해진 현장 고유의 지침서인 작업 요령서가 개선의 도구로 이용되면서 프로젝트의 개선 효과가 뚜렷이 오르기 시작했다. 그러나 작업 요령서의 작성에는 트레이너의 엄격한 지도가 기다리고 있었다.

어느 한 고객 기업의 프로젝트 지도자는, "처음에는 전혀 되는 게 없었습니다. 기껏 고생하면서 컴퓨터로 컬러 인쇄해 만들었는데, 새빨갛게 첨삭되어 되돌아옵니다. 구성원 중에는 '정말로 열심히 작성했는데, 이제 의욕도 떨어졌다.' 라며 나가떨어지는 사람도 있었을 정도입니다."라는 말로 그때의 상황을 전하고 있다.

트레이너가 고친 첨삭에는, "문장이 장황하고 너무 과장되어 있다.", "감과 요령을 넣는 칸에 긴 문장이 너무 많다!", "말은 짧게! 누가 봐도 알기 쉽도록 쓸 것!"이라고 쓰여 있었다.

그래서 요령을 세분화하라는 지시대로 다시 작성해 보았더니 작업의 감과 요령이 현장에 제대로 전달되면서 누구나 다 쉽게 활용할 수 있게 되었다.

그 작업 요령서에 대한 시도가 개선 활동의 출발점이 된 사례는 적지 않다. 스스로 자신들의 작업을 재검토하는 것이 개선 의욕을 불태웠다고 할 수 있다.

공수 관리는 생산 관리표로

생산 관리표란, 시간당 생산량을 계획 예측과 실적을 양쪽으로 나타내서 목표 생산량에 대한 진척 상황을 한눈에 알아볼 수

▶ 생산 관리표로 진척 상황을 한눈에 파악

생산 관리표

월 일 ( ) (주간반)·야간반   가동 시간 9 : 30

시 간 주간반 야간반	생산 계획	생산 실적	차이	가동률	원 인
8:30~9:00 20:00~21:00	1,000	950	−50	95%	기계 조정 지연
9:00~10:00 21:00~22:00	2,000	2,150	150	108%	기계 조정 실수
10:00~11:00 22:00~23:00	4,000	3,960	−40	99%	
11:00~12:00 23:00~24:00	6,000	5,880	−120	98%	
12:00~13:00 0:00~1:00	8,000	7,740	−260	97%	불량품
13:00~14:00 1:00~2:00	10,000	9,500	−500	95%	기계 조정 실수
14:00~15:00 2:00~3:00	12,000	11,820	−180	98%	
15:00~16:00 3:00~4:00	14,000	13,860	−140	99%	불량품
16:00~17:00 4:00~5:00	16,000	15,580	−420	97%	
17:00~18:00 5:00~6:00	18,000	17,300	−700	96%	불량품

있도록 한 도표이다. 필요 수량만 만들도록 되어 있는 도요타에서는 가장 중요한 수주에 관한 공정 관리를 철저히 하고 있다. 그처럼 누가 하더라도 똑같은 동작이 될 수 있도록 표준 작업을 관리하는 것이 생산 관리의 기본이다. 핵심은 '공수 관리'와 '적정 인원 배치'이다.

공수 관리란, 한 사람의 작업자가 일정 시간에 몇 개의 제품을 만들었는지를 관리하는 것이다. 앞에서 실례를 든 식품 회사 H사의 인시생산식수는 바로 그 공수 관리의 한 지표이다. 인시생산식수는 생산식수를 작업 시간과 사람 수로 곱한 수치에서 나눈 것이다. 그 식품 회사 H사의 주력 공장은 그 생산식수 향상을 큰 목표로 내걸고 회사 전체가 똘똘 뭉쳐 임하기 시작했다.

"처음에는 고생했지만 개선을 거듭해 나가는 가운데 바로 성과가 나타나게 되었습니다. 최근에야 비로소 품질 좋은 제품을 적은 인원으로 문제도 일으키지 않고 생산성을 높인 '제품 생산의 원점'이 된 듯한 느낌이 듭니다."라고 H사의 프로젝트 지도자는 회상하고 있다.

OJT 솔루션즈의 트레이너가 담당한 고객 기업 중에서는 생산식수로 대표되는 공수 관리의 개념이 서 있지 않은 고객 기업이 의외로 많았다. 생산 목표 자체가 불분명한 생산 라인만큼 편안한 일터는 없을 것이다.

인공(人工) 추구로 적정 인원 배치

적정 인원 배치란, 작업 현장의 적정한 작업량을 파악해서 적정한 인원을 배치하는 것이다. OJT 솔루션즈에서는 그 개선 활동을 '인공 추구'라 하여, 작업자를 재배치해서 생산 효율을 높이는 것을 목표로 했다.

인공 추구란, 무턱대고 인원을 줄이는 것이 아니라 각 현장의 작업량을 파악해서 작업자에게 적정한 작업량을 부여하는 것을 의미한다. 즉, 작업 현장 전체를 적정한 인원만을 배치해서 공수 관리를 철저히 하는 개선 활동을 말한다. OJT 솔루션즈의 트레이너는, "어느 한 공장에서는 각 현장의 작업량도 파악하지 않은 채 무턱대고 집어넣은 인원이 많은 데도 작업자에게 부여할 적절한 작업량도 모르고 있었습니다. 그뿐 아니라 작업 현장에는 작업 요령서도 없고, 과잉 인원으로 사기가 땅에 떨어진 비생산적인 생산 현장이었습니다."라고 술회한다.

그 공장의 큰 문제점은 다른 지방 공장과의 '표준 인원'에 커다란 차이가 있다는 점이었다. 그것은 그 공장에 사람이 너무 많다는 인식을 경영진이 하고는 있었지만 조합의 저항 때문에 좀처럼 손을 쓸 수가 없다고 하는 사정이 있었다.

그 공장은 최근까지 타임카드조차 없었다고 한다. 그래서는 사람과 기계의 시간 관리는커녕 사람 관리조차 불가능한 상태라 하지 않을 수 없다.

3. 사람과 기계를 어떻게 조합시킬 것인가?

붙박이 점검으로 낭비의 동태 파악―고작 1초, 그러나 엄청난 1초

표준화가 철저히 되어 있다면 그다음은 사람과 기계의 편성이다. 표준 작업 조합표에서도 언급했지만 생산성을 높이기 위해서는 사람과 기계를 적절하게 편성해야 한다.

사람과 기계의 조합이 중요하다는 것은 즉, 낭비를 허용하지 않겠다는 것이다. 그러한 것을 분명하게 한 다음에 작업 순서가 정해져 있는지를 살핀다. 그러한 기계 능력과 시간 관리를 확실하게 하면 당연히 생산 관리도 제대로 될 것이다.

생산 관리란, 기본적으로는 제품을 만드는 시간을 관리하는 것이다. 그 생산 관리를 제대로 하기 위해서는 "한 개의 제품이 몇 분 몇 초에 만들어지고 있는가."라는 공수 관리가 필요하며, 공수 관리가 원활하게 이루어지기 위해서는 인원의 적정 배치가 중요하다.

OJT 솔루션즈가 고객 기업의 생산 관리 항목을 진단할 때 공통적인 문제점이 바로 그 사람과 기계의 시간 관리가 제대로 되어 있지 않다는 점이었다.

사람이 재료를 가지고 가면 정확하게 기계가 입을 벌리고 있는 상태로 되어 있어야 한다. 그것이 되어 있는지를 초 단위로 관리하는 것이다.

나카무라 수석 트레이너는 가끔 스톱워치를 손에 쥐고 작업 현장에서 내내 선 채로 사람과 기계의 시간 관리가 제대로 되고 있는지를 초 단위로 계측해서 검증한다. 그 검증 작업을 OJT 솔루션즈는 통칭 '붙박이 점검'이라 하고 있다.

그 붙박이 점검을 하는 이유는 작업자의 움직임을 한눈에 파악할 수 있기 때문이다. 쓸데없는 움직임이 많다거나 기계를 제대로 다루지 못하는 것 등을 흔히 볼 수 있다.

스톱워치로 1초 단위로 측정한다고 하면 요란을 떤다고 할 수도 있다. 그러나 단 1초의 낭비가 열 번 축적되면 10초가 되고 그것이 1분, 2분으로 이어진다. 예컨대, 206초의 계측치를 대략 200초 정도라고 두리 뭉실하게 하는 것이 아니라, 정확하게 206초라는 초 단위를 고집하는 것이 중요하다. 고작 초 단위라 할 수 있겠지만, 그러나 엄청난 초 단위이다.

정보의 시각화가 사고를 미연에 방지

사람과 기계의 시간 관리가 제대로 이루어지지 않는 현장에서 충분한 기계 능력이 있는데도 새롭게 값비싼 기계를 구입하거나 필요 이상의 인원을 할애해 작업하는 등 매우 큰 낭비가 일상 다반사처럼 일어나고 있다. 기계 관리가 안 되는 상태에서 외관뿐인 가동률 문제를 내버려 두면 상당한 낭비가 발생하게 된다. 그러한 것을 막으려면 정보의 표준화가 중요하다.

직장 내에서 정보를 지표화해서 공유하기 위해서는 그 정보를 시각화할 필요가 있다. 시각화란, 항상 정보가 잘 보이도록 고안하는 것이다. 예컨대, 작업하면서 순서를 틀리지 않게 하기 위해서는 표준 작업표가 누구에게나 항상 잘 보이도록 게시되어 있어야 한다. 지금 무엇을 해야 하는가, 지금 어느 정도 되어 가고 있는가 하는 정보를 누구나 다 알 수 있도록 고안해 낸 것이 시각화이다.

그 시각화가 제대로 진행된 직장에서는 표준의 순서에서 벗어난 작업이 발생하거나 필요 없는 것을 만드는 일이 생기면 곧바로 눈으로 보고 발견할 수 있다. 모든 것을 기계에 의지하기 전에 인간의 눈으로 아날로그적인 확인 작업을 실시할 수 있는 환경을 만드는 것이 문제와 사고를 미리 막는 지름길이다.

컴퓨터를 통한 정보 관리도 물론 중요하다. 그러나 현장 작업자가 정보를 공유할 수 있도록 직접 손으로 작성해 시각화한 도표야말로 가장 유효한 방법이다. 즉, 정보의 공유화는 공감과 공명으로 연결되기 때문이다.

도요타 생산방식이 '사람 인(人)변 붙은 자동화(自働化)'라는 사고방식에 근거하고 있는 최대의 이유가 바로 여기에 있다.

4. 간판 방식을 철저히 하기 위해서는

후공정 인수의 목적―효율을 높이는 풀(pull) 생산

앞에서 "문제는 회의실에서 발생하는 것이 아니다. 현장에서 일어나는 것이다!"라는 유행어와 비슷한 표현을 인용했지만, 여기서는 "제품은 회의실에서 만들어지는 것이 아니다. 현장에서 만들어지는 것이다!"라는 의미로 설명하고자 한다.

회의실에서 작성된 생산 계획치고 제대로 된 게 없다. 본래 생산 현장의 실정은 현장 자신이 가장 잘 알고 있다. 그 때문에 현장에서 생산 계획을 만들고 생산 지시를 하는 것이 가장 실상에 적합한 모습이다.

도요타에서는 후공정 인수에 대한 개념이 철저하다. 그 개념의 목적은 후공정의 작업자는 '필요한 것을 필요한 때에 필요한 만큼' 전공정에서 가지고 오는 '끌어당기기(pull) 생산'의 실현이다. 그에 따르면 전공정의 작업자는 인수된 수량만큼만 만들면 되므로 결함 있는 물품과 산처럼 쌓이는 재고의 낭비를 제거할 수 있다. 없어지면 가지러 가는 능동적인 작업을 제조 라인에서 철저히 시행하면 실수는 적어지고 생산 효율은 비약적으로 높아진다. 그 시스템을 원활하게 실행하기 위해 고안해 낸 것이 '간판 방식'이다.

간판은 이른바 지시서이다. 도요타에서는 예전에는 비닐에 들어 있는 종이 간판을 사용했지만 요즘은 거의 전자 간판이다. 그러나 OJT 솔루션즈의 개선 활동에서는 간판 방식의 원점을 지도하기 위해서 초기의 종이 간판을 사용하고 있다.

앞의 후공정이 전공정에서 물품을 가지고 올 때 사용되는 것을 인수 간판, 전공정에서 생산한 부품의 내용이 기재되어 있는 것을 생산 지시 간판이라 부르고 있다.

종이 간판의 지시는 우편함으로 전달되며 전공정에서 생산된 부품과 함께 후공정으로 보내는 것을 계속 반복한다. 약속된 것은 단 한 가지 "간판의 지시가 없으면 인수도 생산도 하지 않는다."라는 대원칙이다.

간판 방식이 철저히 운영되면 생산 현장의 지시가 정확해지면서 또 적절한 타이밍에 전달된다. 바로 거기서 적정한 생산 계획이 세워지며 생산 현장의 낭비가 제거된다 할 수 있다.

생산의 산을 평평하게 하자. 품목마다의 산을 줄이자

그 간판 방식을 제대로 기능을 하게 하기 위해서 또 한 가지 중요한 요소는 '평준화' 라는 개념이다.

평준화란, 간단히 말하면 생산의 산을 평평하게 한다는 의미이다. 그것은 인수하는 후공정 쪽의 산포를 개선하는 점에 핵심이 있다. 그 부분에 산포가 발생하면 전공정에서 생산의 불균형이 생겨 큰 부담이 된다. 그 부담을 피하기 위해 전공정은 인수되기 전에 미리 물건을 만들어 놓게 된다. 그렇게 되면 공정 간에 유통 재고가 발생하기 시작한다.

평준화를 실현하려면 생산 단위인 로트(lot)를 작게 해 산포를 줄일 수 있지만 그 방법은 운반 횟수를 늘어나게 한다. 따라서 공정 간의 거리를 없애거나 운반 거리를 줄이는 개선을 함께 시행해야 한다.

평준화에는 또 한 가지 품목마다의 생산의 산을 줄이고자 하는 목적도 있다. 이전 생산 라인의 사고방식은 동일한 종류의 제품을 대량으로 만드는 것이 상식이었지만, 그 평준화 개념을 도입하면 다품종 소량 생산에 대응할 수 있는 생산 방법이 가능해진다.

도요타에서는 실제로 하나의 생산 라인에서 전혀 다른 차종의 제품이 계속 생산되고 있다. 간판 방식은 "당연한 일을 당연하게 한다."라는 방식으로, 유럽의 기업들로부터 '마술과 같은 생산 라인'이라고 경탄을 자아낸 도요타 생산방식이 실현된 것이다.

1개 흘리기가 재고를 압축한다

1개 흘리기 생산과 로트 생산에서는 제품이 완성되기까지의 리드 타임은 그 로트의 수에 따라서 크게 다르다. 예컨대, 1개의 제품이 1공정당 1분 걸린다 하면 5공정이 있을 경우 1개 흘리기의 리드 타임은 5분이다. 그러나 100개인 경우, 1공정당 100분 걸리기 때문에 5공정 전부 거쳐야 비로소 1개가 완성되는 것은 500분 후이다.

리드 타임을 단축하는 개선은 시장의 변화에 대응해서 생산하는 종류를 변경할 수 있다는 이점이 있을 뿐만 아니라 재고를 대폭적으로 압축할 수 있는 기능적인 생산 방법이다. 로트 생산에 지나치게 의존하면 최소한의 로트 단위가 완성될 때까지의 낭비가 많아져 최악에는 생산 중간에 재공품을 폐기하는 일이 생길 수도 있다. 도요타에서는 최종 조립 라인은 물론 프레스 공정과 용접 공정을 포함한 모든 생산 라인에서 1개 흘리기를 실현하게 하고 있다.

기종 교체의 적합·부적합이 차를 크게 벌린다

그리고 식품 공장과 같이 몇 개의 생산 라인에서 동시에 일관적인 생산을 하고 있는 경우에는 오히려 생산 라인의 일부를 교체하는 기종 교체의 시간 단축에 임하는 편이 효과가 있는 경우도 있다. 기종 교체란, 프레스 부문에서는 금형의 교환을 의미한다. 즉, 제품의 종류별로 일정한 생산 공정을 완전히 통째로 교체하는 작업이다. 그 교환 작업의 정확성과 시간 단축이 생산 효율을 높이는 커다란 요인이 된다.

OJT 솔루션즈에의 개선 의뢰가 최근에는 식품 회사의 요청이 부쩍 많아졌다. 그 때문에 그 기종 교체 시간의 단축은 다품종 소량 생산을 요구하는 생산 공정에 가장 중요한 개선 요소가 되고 있다. 현장 작업자의 속내를 들여다보면 "기종 교체의 낭비를 제거하기 위해서는 되도록 같은 것을 계속 만드는 편이 실수도 없고 안심이다."라는 말을 하고 싶을 것이다.

현장에서 기종 교체를 빈번하게 실시하도록 지시하면 현장은 당연히 싫어한다. 그러나 기종 교체를 적절하게 시행하지 않으면 생산에 산이 발생해 평준화가 불가능해진다. 그렇게 되면 제품 재고가 눈 깜짝할 새에 산처럼 쌓이고 그것을 깨달았을 때는 이미 손을 쓰기 어려운 상태에 빠진 경우가 많다. 기종 교체는 고객의 요구에 맞춘 효율적인 생산 체제를 유지하기 위해서는 반드시 해야 하는 필수 불가결한 것이다.

외(外) 기종 교체로 성공하려면 — 간단한 것이 최고!

기종 교체는 기계를 정지시키고 시행하는 '내(內) 기종 교체'와 기계를 멈추지 않고 시행하는 '외(外) 기종 교체' 두 가지 방법이 있는데 되도록 외 기종 교체로 시행하는 것이 바람직하다. 그러려면 교체 방법을 간단하고 알기 쉽게 만들어야 한다.

예컨대, 어느 공장에서는 기종 교체에 필요한 작업 시간을 세밀하게 분류해서 수작업, 자동 이송, 보행이라는 각 작업 동작에 몇 초 걸렸는지를 그래프화하기로 했다. 또 다른 공장에서는 기종 교체에 사용하는 프레스의 높이를 일정하게 해서 조정할 필요가 없도록 고안하거나 부품이나 공구의 색을 통일해서 작업 순서를 간소화하고 있다.

그 결과, 개선점을 부각해서 누가 보아도 낭비가 잘 보이도록 한 시각화의 실현으로 생산 효율이 대폭적으로 향상한 성공 실례가 적지 않다.

그리고 기종 교체 시간을 다른 생산 라인과의 사이에서 서로 경쟁하게 하는 것도 효과적이다. 기종 교체는 한두 사람의 기능만 뛰어나다고 시간 단축되는 게 아니다. 구성원 전체의 적극적인 태세로 말미암아 비로소 효과가 나오는 개선이 되는 것이다.

5. 빈발 정지 대책

기계에서 발생하는 문제는 기계를 세워서 대처하라

　빈발 정지란, 말 그대로 기계가 빈발하게 정지하는 상태를 말한다. 그 정지 시간이 짧으면 '순간 정지', 길면 '완전 정지'라고 한다. 그러나 빈발 정지가 발생하는 그 자체부터 잘못된 상황이다. 그 공장에서는 빈발 정지가 일어나도 기계를 세워서 대처하기는커녕 10분 이내의 순간 정지는 아예 기록으로 남기지도 않을뿐더러 공장 관리자에게 보고조차 하지 않았다.

　기계를 세우는 게 큰일이 아니다. 정작 문제는 기계를 세워서 발생한 문제를 대처하려고 하지 않는 데 있다. 기계를 세워서 완전하게 원인 규명해서 개선하면 다음부터는 같은 이유로 기계가 멈춰서는 일은 없을 것이다.

　그런데 공장 관계자는 되도록 기계를 세우지 않고 문제를 해결하려 하고, 기계 자체도 서지 않도록 묘안을 짜내고 있었다. 처음에는 "이런 하찮은 일로 기계를 꼭 세워야 할 필요 있을까?"라고 생각했다고 한다. 기계를 세우지 않고 처리하면 다시 똑같은 이유로 기계는 문제를 일으킨다. 그것은 오히려 손실과 불량품을 만들 뿐이다. 공장 관계자가 크게 반성해야 할 점이다.

　기계에서 발생한 문제점으로 빈발 정지된 경우에는 먼저 5일간의 자료를 모으는 것부터 시작한다. 그리고 구체적인 손실을 수치화해서 기록한 다음 하나하나 원인을 규명해 나가면서 해결하는 방법을 취했다. 그러나 빈발 정지에 대한 현장의 반응은 의외로 둔감한 경우가 많았다. 그것은 현장 작업자 중에 "문제가 발생하면 지시대로 정지해서 처리하면 된다."라는 사고방식만 뿌리 깊게 박혀 있고, "먼저 현장에서 일어난 문제의 원인을 철저히 파헤치자."라는 생각으로까지는 미치지 못하고 있다.

그 빈발 정지 대책은 현장의 작업자뿐 아니라 주변 설비의 개선 등 다른 제조 라인도 포함해서 개선하지 않으면 성공할 수 없다. 그 공장에서는 현재 새로운 생산 라인을 만들려고 하는데 제조 회사에 에러가 나오면 자동으로 상위 공정도 멈춰지도록 설계 변경을 의뢰하였고, 아울러 새롭게 생산 관리대와 자료 출력 단자도 설치하기로 했다고 한다.

실제로, 그 공장의 한 생산 라인에서는 하루 동안에 13.5분(812초)의 누적 정지 시간이 발견되었고 라인 가동률은 77.4%까지 떨어졌다. 그 후 OJT 솔루션즈 트레이너의 '가동률 95%, 빈발 정지 시간 3분 이하'라는 목표 아래 프로젝트 구성원 전부 개선에 임했다. 그 결과, 생산 공수를 23%나 증가시키는 데 성공했을 뿐 아니라 그 생산 라인에서만 2.9명의 생력화(省力化)를 실현하였다.

급하면 기계를 세워라

도요타에서는 '가동률(稼動率)'이라 표현하지 않고 '사람 인(人)변 붙은 가동률(稼働率)'이라 표현한다. 생산을 동반하지 않는 그저 단순한 기계의 움직임은 사람의 지혜가 들어가 있지 않은 의미의 '동(動)'으로 표시하고, 생산을 목적으로 사람이 조작해서 움직이는 기계의 상태를 사람 인(人)변이 붙은 '동(働)'으로 생각하고 있다. 도요타식 '가동률(稼働率)'은 완전 가동의 생산 능력을 말해 주는 생산 실적으로 나타나지만 어디까지나 필요한 생산 수량으로 결정되기 때문에 필요 없을 때는 기계를 세워 두는 것이 대원칙이다. 필요 수량을 무시해 가면서까지 기계를 움직이는 것만큼 낭비는 없다.

따라서 빈발 정지와 같은 문제 발생 때는 더욱더 기계를 즉각 세워서 문제점을 찾아내 개선하기까지 가동시켜서는 안 된다. '외관(형식적인) 가동률'을 떨어뜨리지 않으려고 기계를 세우지 않고 문제점을 처리하려 들면 오히려 불량품이 대량으로 발생하여 재료비용과 인건비만 낭비될 뿐이다. 급하면(기계를) 세우는 것이 도요타의 '가동률(稼働率)'에 대한 사고방식이다.

그리고 또 도요타에서는 '가동률(可動率)'이라는 사고방식이 있다. 그것은 기계를 가동하고 싶을 때 실제로 가동할 수 있는 '가동률(可動率)'을 말하는 것으로, 고장이 적으면 '가동률(可動率)'이 올라가고, 고장 기간이 길수록 떨어진다. 도요타가 사람과 기계의 시간 관리를 철저하게 하려는 사고방식의 한 단면을 이런 단어를 사용하는 데서도 알 수 있다.

5장

도입해 보면 알 수 있는
경이적인 도요타식
품질 관리

1. 철저한 품질 관리는 개선 활동의 기본
2. 작업 요령서의 도입으로 근로자마다 다른 산포를 해소
3. 보는 것이 아닌 관찰하는 것으로 문제점 발견
4. 품질을 공정 내로 만들어 넣어라 – 도요타식 공정 품질 관리
5. 무엇이 그 기업의 중요 공정인가?
6. 1그램의 무게가 공장 전체를 개선한다

1. 철저한 품질 관리는 개선 활동의 기본

역경을 딛고 일어선 도요타 품질 관리

 품질 관리는 제조업에 너무 중요한 문제이며 품질 표준 관리, 품질 표준의 철저, 공정 품질 관리, 중요 공정 관리, 불량품 발생시 대응 등 5개 항목으로 분류한다.

 이런 얘기 하면 믿지 못하겠지만, 실은 50여 년 전 창업 무렵의 도요타 자동차는 고장이 많아서 현재의 '고품질 도요타'라는 신용을 얻기까지 수십 년의 긴 세월을 거치면서 수많은 도요타 사원들의 품질에 대한 도전이 있었다. 당시의 도요타 자동차는 과적재하면 부하가 많이 걸려 후륜 차축이 부러지는 문제가 빈번하게 일어났고, 그 움직이지 못하는 모습을 비아냥대 신문에서는 "국산 도요타호(號), 주저앉다."라고 크게 다루었을 정도였다.

 고장을 반복하는 도요타호를 끌어안은 전후의 혼란으로 어수선한 1950년, 닷지(Dodge) 디플레이션이라는 대불황의 직격탄을 맞은 당시의 도요타 자동차공업은 전대미문의 노동쟁의가 발생해 생산은 전면 중지되었고 공장에는 재고가 산을 이루었다.

 당시의 도산 위기를 극복하면서 국산차의 품질을 향상시키는 데 기업의 존폐를 내건 도요타는 1966년 '올(All) 도요타 품질 보증'이라는 표어를 내걸고 품질 관리를 철저히 해 나갔다. 그것이 1970년대 후반에 체계화된 '도요타 생산방식'을 뒷받침하는 품질 관리의 체제를 완성했다.

▶ 품질 관리를 뒷받침하는 5개의 기둥

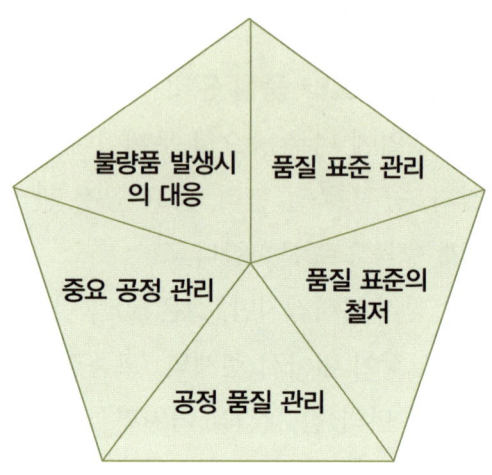

품질 기준을 표준화한다

　품질 점검 면에서도 먼저 표준을 확실하게 정하고 나서 그것을 제대로 지키는 것이 기본이라고 OJT 솔루션즈의 나카무라 수석 트레이너는 강조한다.

　품질 기준이 표준화되어 있지 않으면 품질 관리가 제대로 될 리 없는데 의외로 가볍게 여기고 있는 현장이 많다고 한다.

　각 공장에서 생산하는 제품에는 반드시 품질 기준이 설정되어 있을 것이다. 그 품질 기준을 관리하려면 품질 관리자 개인의 방법과 사고방식에 맡길 것이 아니라 공통된 표준을 만들어 누구나 다 알 수 있도록 표준화하는 것이 중요하다. 표준화되어 있지 않으면 생산 라인의 전공정의 작업자가 각각 책임을 지고, 각각의 담당 범위 내에서 품질을 점검하는 공정 품질 관리를 실현할 수도 없다.

즉, 품질 기준의 표준화는 생산 관리의 작업 표준화와 마찬가지로 도요타 생산방식의 바탕을 이루는 동시에 OJT 솔루션즈의 개선 활동의 기본이 되는 개념이다.

2. 작업 요령서의 도입으로 작업자마다의 산포를 해소

감과 요령의 시각화를 작업 요령서로

 철저한 품질 관리를 실현하는 데는 표준 작업을 바탕으로 노련한 작업자의 감과 요령을 삽화와 사진으로 시각화해서 짧고 간결하게 설명한 작업 요령서가 큰 효과를 발휘하고 있다.

 대부분의 작업자는 그러한 감과 요령에 기인한 효과적인 작업 방법을 스스로 몸으로 익혀 왔다. 그러나 지금까지 그것을 다른 사람에게 가르칠 기회가 없었던 탓에 그러한 감과 요령의 기술은 전승되지 않은 채 방치되고 있었다.

 확실히 작업자가 작업 순서를 무시하고 멋대로 작업하거나 작업 순서에 나와 있지 않은 방법으로 작업하면 불량품이 나올 뿐 아니라 생산의 무리와 낭비, 불균일을 만들어 생산 효율을 현저하게 떨어뜨린다.

 그러나 단순히 조작 버튼을 순서대로 누르기만 하는 것이 아니라 "①의 버튼을 눌러서 공기의 소리로 뚜껑이 닫혀 있는지 확인하고 나서, ②와 ③의 버튼을 동시에 누른다."라는 것과 같은 감과 요령이 배인 작업 요령서를 시각화해서 현장 전체가 정보를 공유하는 것은 생산 효율을 향상시키는 품질 관리 면에서도 매우 중요하다. 그리고 그 감과 요령의 시각화의 기본을 작업자들이 스스로 작성하게 하여 품질 관리에 대한 적극적인 자세를 심어 주는 효과도 있다 할 수 있다.

대기업도 뛰어든 작업 요령서

그 작업 요령서는 앞에서 언급한 것처럼 생산 관리에 중요하지만 품질 관리에도 매우 중요하다. 그러나 OJT 솔루션즈의 고객인 대기업조차 이러한 작업 요령서는 거의 존재하지 않았다. 그래서 프로젝트를 시작하면, 모두 작업 요령서부터 작성하느라 정신없었다고 나카무라는 말한다.

게다가 작업 순서와 같은 것은 있었지만 작업 요령서라는 말을 맨 처음에는 알아듣지도 못했었다는 말도 덧붙인다.

예컨대, 품질 관리라는 것은 어떻게 게이지를 취급하고, 어떻게 측정하는가 하는 것인데 그 점검 표준이 있어도 실제로는 작업자에 따라 각양각색으로 측정하는 일이 빈번하게 일어나고 있다. 그만큼 약간의 방식의 차이에서도 큰 오차가 발생할 가능성은 얼마든지 있다.

즉, 작업 요령서로 측정 방법이 통일되지 않으면 같은 제품이라도 작업자에 따라 측정이 들쭉날쭉하게 된다.

게다가 그러한 작업 요령서가 없는 기업에서는 그 감과 요령을 현장에 있는 자기 옆 사람한테만 전수하고 있는 것이 태반이다. 그 대부분의 사람이 정식 사원이 아닌 현장에서 일하는 임시직이다.

전수하고 있는 임시직의 기능이 높다면야 아무런 문제가 아니겠지만, 그렇지 않은 경우라면 생산 관리뿐만 아니라 품질 관리의 불안정을 가져와 극단적으로는 품질 저하를 불러일으킬 수도 있다.

▶ 작업 요령서 – 노련한 작업자의 '감과 요령'을 시각화

라 인 명	
설 비 명	
공 정 명	
작 업 자 명	

작업 요령서   요령서No.

◇ 품질   ■ 안전

작성 년월일   년   월   일

NO	작업 순서	요점	내용	개략적인 그림
1	기동 버튼을 누른다.		자동 위치 조정을 확인	
2	발판을 준비한다		장착 전에 움직이지 말것	1 — 2 — 3
3	검사 용지를 펼친다.	◇	매수를 확인한다	작업자가 찍은 디지털 사진
4	안전 커버를 연다	■	우선 후크를 떼어낸다	4 — 5
5	커터 커버를 제거한다		왼손으로 확실히 누른다	
6	양면 테이프를 붙인다		규정 길이를 확인한다	
7	양끝을 맞춘다		양손을 사용한다	1 — 2 — 3
8	말려들기 방지를 확인한다	■	점호로 확인한다	개개의 작업의 감, 요령을 해설
9	손잡이를 오른쪽으로 당긴다.	■	롤러의 위치를 확인한다	4 — 5
10	운전 버튼을 누른다		검지로 확실히 누른다	

도입해 보면 알 수 있는 작업 요령서의 편리함

OJT 솔루션즈의 고객 기업 경영자들은 그런 사실을 알고 나면 즉시 작업 요령서의 도입을 결정한다. 그런데 현장의 반응은 생산 관리 쪽과 품질 관리 쪽에서 큰 차이를 보인다.

그에 대해 나카무라는, "품질 관리에서는 종래의 방법을 바꾸는 작업 요령서에 별다른 저항이 없었는데 비해 생산 관리 쪽은 있었습니다. 작업 요령서를 도입하면 시간이 단축됩니다. 시간이 단축될수록 생산 현장은 여유가 없어지고 힘들어진다고 생각한 것입니다. '시간에 부가가치를 부여하기 위하여 작업 요령서를 도입하자.'라는 의미로 받아들여 그것이 저항감으로 이어진 것 아닐까요?"라고 분석한다.

그러나 실제로 작업 요령서를 도입한 생산 현장에서는 "이렇게 편리할 수 없다."라는 반응으로 바뀐다고 한다. 즉, 감과 요령의 시각화를 실현하기 위한 작업 요령서이지만 그 시각화라는 의미에도 실은 OJT 솔루션즈의 개선 활동에 뒤에서 이야기하겠지만 여러 의미가 포함되어 있다.

3. 보는 것이 아닌 관찰하는 것으로 문제점 발견

'본다'와 '관찰한다'의 큰 차이

 생산 공정 내에서 문제점을 발견하려면 단지 보는 것만으로는 안 된다. OJT 솔루션즈의 트레이너는 '본다'라는 행위에는 보다(見), 살펴보다(視), 관찰하다(觀) 세 가지가 있다. 그 세 가지의 아무 생각 없이 보다(LOOK), 의식을 갖고 살펴보다(SEE), 문제의식을 갖고 관찰하다(WATCH)에는 본질적인 차이가 있다.

 문제점 발생을 점검하는 것은 단순히 보는 것(見)이 아니라 한 시간이고 두 시간이고 쭉 살펴보면서 그 원인에 대한 분명한 문제의식을 갖고 관찰하는 것(觀)이 중요하다.

 어느 한 공장의 생산 라인에서 제품 찌꺼기가 발생하는 원인

▶ 단순히 보는 것(見)이 아니라 문제점을 관찰하는 것(觀)이 중요

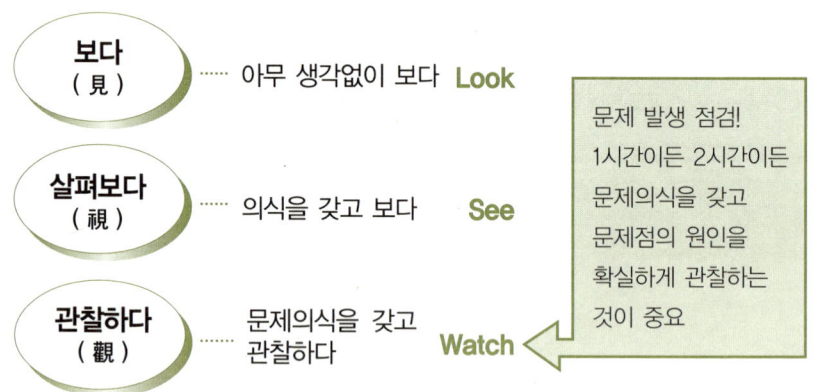

의 규명이 좀처럼 밝혀지지 않았었다. 그래서 일일이 고장의 원인이 될 만한 문제점을 제거해 가자 전체의 모습이 나타나기 시작했다.

공장 관리 책임자의 말에 의하면, OJT 솔루션즈의 개선 대상이 된 생산 라인의 공정은 크게 8가지로 분류할 수 있다고 한다. 하나하나 자세히 조사해 보면 제품 찌꺼기가 발생하는 원인은 다음과 같다.

① 2공정에서 생산의 불균일이 있다.
② 3공정에서 제품의 일부가 벗겨져 떨어진다.
③ 4공정에서 일부의 제품이 축에 휘감긴다.
④ 5공정에서 출구와 중간의 숫 부분의 단차(段差)에 제품이 부딪혀 일부가 부서진다.
⑤ 6공정에서 제품이 컨베이어 벨트에 실릴 때 스토퍼에 부딪혀 제품 찌꺼기가 떨어진다.

그것은 공정마다 기계가 다른 회사 제품이다 보니 각 공정 간에 크고 작은 문제가 복합적으로 일어난 경우이다.

▶ 제품 찌꺼기 발생 원인

2공정에서의 생산 불균형

3공정에서 제품의 일부가 떨어진다

4공정에서 일부의 제품이 기계 속으로 말린다

5공정에서 출구와 중간의 슈트 부분의 단자(높이의 차이)에 제품이 부딪쳐 일부가 부서진다

6공정에서 제품이 컨베이어에 실릴 때에 스토퍼에 부딪혀 제품 찌꺼기가 떨어진다

진짜 원인
각 공정마다의 기계가 제멋대로여서
⬇
작은 문제가 복합적으로 발생하고 있었다

'5번의 왜'로 문제점을 현재화한다

복합적으로 발생하고 있는 문제점의 원인을 규명하기 위해 단순하게 보는 것(見)만으로는 절대로 알 수 없다. 어쨌든 공정 전체를 잘 관찰해서 '왜를 다섯 번 말하는 것'이 중요하다.

도요타에서는 개선해야 할 문제점을 현재화하기 위하여 '5번의 왜'를 철저히 반복하도록 되어 있다. 그 어떤 문제점이 발생했을 때 그 발생 부위에만 시선을 집중하는 것이 아니라 문제점을 드러내고 있는 진짜 원인인 '진정한 원인'을 규명할 때까지 '왜'를 5번 반복한다.

"5번의 WHY(왜)를 반복해서 HOW(어떻게)를 찾아낸다." 이것이 도요타식 '5W1H' 방식이다.

여기서 간단히 '왜'를 5번 반복해 보자. 어느 한 공정에서 나사 조립에 항상 시간이 너무 걸리는 문제점이 빈발하고 있다. 그래서 이렇게 자문자답해 보았다.

"왜, 조립에 시간이 걸리는 것일까?"
→ 나사 조립 작업을 할 때마다 공구를 찾기 때문이다.
"왜, 공구를 찾아야 하는가?"
→ 정해진 보관 장소에 놓여 있지 않기 때문이다.
"왜, 정해진 보관 장소에 놓여 있지 않은 것일까?"
→ 작업장에서 보관 장소에 가기 불편하기 때문이다.
"왜, 작업장에서 보관 장소에 가기 불편한 것일까?"
→ 보관 장소로 가는 길을 재고 더미가 가로막고 있기 때문이다.

▶ 5번의 왜를 반복적으로 생각해 문제를 현재화한다

❶ 왜, 나사 조립에 시간이 걸리는 것일까?

나사의 조립 작업을 할 때마다 공구를 찾기 때문

❷ 왜, 공구를 찾아야 하는가?

늘 정해진 장소에 공구를 놓지 않기 때문

❸ 왜, 정해진 보관 장소에 놓여 있지 않은 것일까?

보관 장소가 작업장에서 멀어서 불편하기 때문

❹ 왜, 보관 장소가 작업장에서 불편한 것일까?

보관 장소에 가는 길을 재고 더미가 가로막고 있기 때문

❺ 왜, 보관 장소로 가는 길을 재고 더미가 가로막고 있는 것일까?

재고를 이동시키는 대차가 고장 나 있어 재고를 옮길 수 없기 때문

고장 나지 않은 대차를 사용해 재고 더미를 이동시키고 공구를 보관한다.

"왜, 보관 장소로 가는 길을 재고 더미가 가로 막고 있는 것일까?"
→ 재고를 이동시키는 대차가 고장 나 있기 때문이다.

그렇게 해서 고장 나지 않은 대차를 사용하여 재고 더미를 이동시키고 정해진 보관 장소에 공구를 챙겨 넣을 수 있어 나사의 조립 작업에 시간이 걸리는 문제점의 원인은 해결된다.

그러한 '왜 5번 말하기' 반복은, 무의식중에 문제점의 '진짜 원인'을 잠재의식 속에 심어 놓으면 다음번의 재발을 막아 준다. 문제점은 근본 원인을 개선하지 않으면 반드시 재발한다. 그것은 이미 기계 탓이 아니라 '진짜 원인'을 개선하지 않는 사람 쪽에 원인이 있다고 할 수 있다.

즉 기계뿐 아니라 작업자와 기계의 관계도 중요하다. 기계가 문제를 계속 일으키는 것은 기계 탓이 아니다. 그 기계를 조작하는 인간의 문제라고 생각하는 것이 옳다. '사람 인(人)변 붙은 자동화(自働化)'란, 제조 공정뿐만 아니라 품질 관리에서도 매우 중요한 사고방식이다.

4. 품질을 공정 내에서 만들어 넣어라
   - 도요타식 공정 품질 관리

도요타에서는 한 사람 한 사람 다 '검사원'을 겸한다

 불량품이 그대로 공정으로 흘러들어 가면 그 여파로 여러 낭비가 계속 발생한다. 불량품의 조기 발견은 2차적, 3차적인 문제 발생을 막기 위해서도 매우 중요한 품질 관리의 점검 사항이다.

 대부분의 현장에서는 불량품을 발견하는 검사 공정의 검사원에게 모두 일임하는 경우가 많다. 그러나 그러면 조기 발견이 어려울 뿐만 아니라 불량품을 낸 공정의 책임감도 희박하다. 그 때문에 같은 실수를 반복할 우려도 있다.

 그러한 상태를 개선하려면 생산 라인의 모든 공정의 작업자가 제각각 책임을 지고 각 담당 범위 내에서 품질을 점검하고 불량품을 후공정으로 절대로 보내지 않겠다는 의식과 시스템을 만드는 것이 필요하다. 도요타에서는 그것을 품질을 공정 내에서 만들어 넣는다는 의미에서 '공정 품질 관리'라 부르고 있다. 도요타의 작업자는 한 사람 한 사람이 다 검사원이다. 나카무라는, "그 만들어 넣는다는 의미는 곧 '자공정 완결형(自工程完決型)'이라는 뜻입니다. 통상적인 공정은 후공정에서 품질을 점검하는 것이 일반적이지만, 도요타식으로 보면 영 탐탁지 않습니다. 뒤에 따로 점검하는 요소가 있으면, 사람이란 '내가 놓쳐도 뒤에서 잡아 주겠지.'라는 안이한 생각을 하게 됩니다. 그것

▶ 품질을 공정 내에서 만들어 넣는 것이 공정 품질 관리

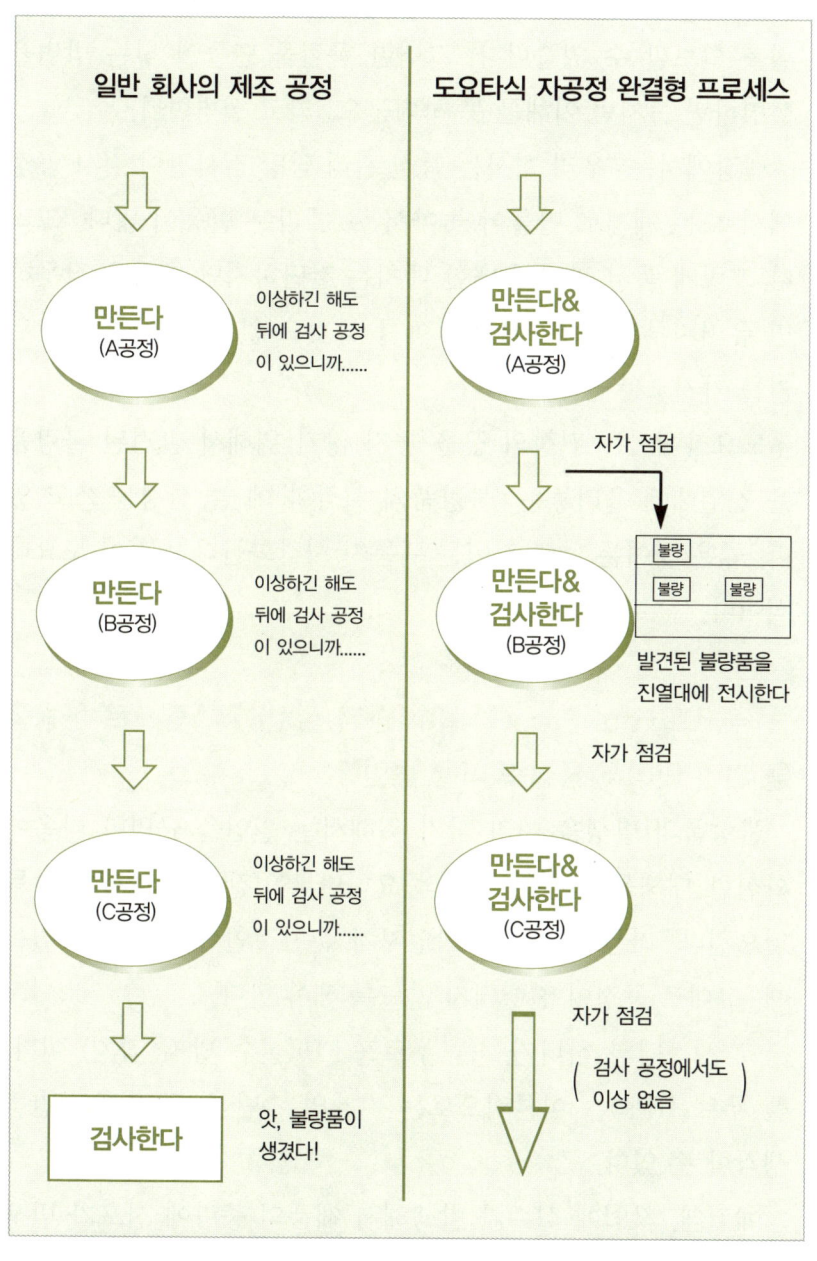

을 '자공정 완결형'으로 하면 그 자리에서 확실하게 공정의 품질을 확보할 수 있습니다. 그러한 품질을 만들어 넣는 방법을 설명하면 좀처럼 이해를 못 하더군요."라고 설명한다.

현장에서는 "우리 회사는 품질 관리 담당 검사관이 검사 공정에서 보는 체제로 만들어 놓아서……."라는 반응이 많다. 그러나 그렇게 품질 관리에 대한 대처는 간단하지만 대응을 잘못하면 유키지루시(雪印) 식품의 예를 들것도 없이 기업 존폐의 위기를 가져오는 경우도 많다.

도요타에서는 긴장의 끈을 놓지 않기 위해서 발견된 불량품을 진열대에 올려놓는 '불량품의 시각화'에 늘 신경을 쓰고 있다. 좋은 것이든 나쁜 것이든 뭐든지 시각화한다는 것이 도요타 식이다.

풀 푸르프(Fool Proof : 실수 방지 장치) 시스템으로 불량품을 미리 막아서 품질 의식을 높인다

불량품의 발생을 미리 막기 위해서는 원인을 규명한 다음에 확실한 대책을 세우는 것이 중요하다. "인간은 반드시 실수를 일으킨다."라는 전제하에 작업자가 순간적인 실수를 일으켰을 때, 그대로 공정이 진행되지 않도록 해야 한다.

그 시스템의 하나가 '풀 푸르프(FP)(실수 방지 장치)'이다. 풀 푸르프(FP)는 이론적으로는 기계의 수만큼, 공정의 수만큼 생각할 수 있다.

예컨대, 작업에 실수가 발생해서 제품의 중량에 산포가 발생했을 때 라인에서 자동으로 튕겨 나오는 구조, 제품의 이상을 감지해서 기계가 멈추는 구조 나아가 작업 실수와 동작 실수가 발생해도 저절로 수정해서 가공하는 구조 등 일일이 열거하자면 끝도 없다. 게다가 반드시 대규모적인 장치가 필요한 것은 아니다. 현장에서는 작업자들이 지혜를 모아 연구를 거듭하면서 직접 풀 푸르프(FP)를 만들어 내고 있는 곳도 많다.

중요한 것은 불량품의 원인을 미리 막기 위한 지혜를 짜내는 것이다. "이곳에서 실수가 자꾸 발생한다."라는 정보를 현장에서 공유하고 있으면 풀 푸르프의 구조를 갖추는 데다 한발 더 나아가 실수를 하지 않도록 품질을 유지하는 의식을 늘 계속해서 지닐 수 있다.

5. 무엇이 그 기업의 중요 공정인가?

중요 공정 관리란?

도요타에서의 중요 공정 관리란, 주문이 끊임없이 들어오도록 하는 가장 중요한 부분에 대한 공정 관리라는 의미이다.

"필요한 것을 필요한 때에 필요한 만큼만 만든다."라는 '저스트 인 타임(JIT)'을 철저하게 지키는 도요타는 "시장과 고객이 요구하는 자동차만 만든다."라는 대원칙을 고수하고 있다. 그 때문에 품질의 변화와 이상을 점검하는 '경향 관리도(傾向管理圖)'를 충실히 준수하며, 다양한 형태로 중요 공정 관리의 체제를 뒷받침하고 있다.

품질 관리에서 도요타가 말하는 중요 공정이란, 그야말로 고객의 요구 사항을 정확하게 파악해서 주문에서 생산에 이르기까지 리드 타임을 단축해 고객의 요구에 부응할 수 있는 중요 공정을 유지하는 것이다.

OJT 솔루션즈의 고객 기업은 업종이 매우 다양하며 기업마다 중요 공정이 있어 그것을 관리하는 것이 품질 관리의 가장 중요한 핵심이 된다.

OJT 솔루션즈에서는 중요 공정 관리를 "제품의 품질을 확보하는 데 매우 중요하며 특별한 관리를 요하는 공정."이라고 정의하고 있다. 자동차 제조에서 보면 달린다, 돌린다, 멈춘다와 같이 사용자의 생명과 직결되는 제품을 만드는 중요 공정이 그에 해당한다. 그 개념은 사람, 물건, 돈 등의 자원이 유한하다는 것을 전제로 할 때, 특히 중점적인 자원을 배분해야 하는 중요 공정을 명확히 해 둘 필요가 있다는 것에 있다.

실제로, OJT 솔루션즈의 개선 활동에서 그 '중요 공정 관리' 자체를 고객 기업이 분명하게 인식하고 있는 예는 그리 많지 않다. 그 때문에 개선 지도의 중요 핵심을 크게 두 가지로 나누어 진행한다.

(1) 중요 공정의 인식

먼저 '중요'하다고 생각되는 공정에 필요한 특별한 관리 방법을 전달하는 것부터 시작한다. 예컨대, 조건표의 제정, 품질 점검 표준서의 작성, 경향 관리도에 따른 기록 등 다양하다. 중요한 것은 고객 기업의 공정의 모든 것에 이러한 중요 공정 관리를 적용하는 것이 비용 면에서 최선이 아니라는 점을 이해하게 하는 것이다.

그런 다음, 어느 공정이 특히 중요한 지를 인식하게 한다. 예컨대, 식품 회사라면 맛 그 자체의 일정한 비율을 알맞게 섞는 '조합(調合) 공정'이 그에 해당한다.

(2) 중요 공정의 관리 방법

고객 기업이 인식하는 중요 공정에 적격인 관리 방법을 전달하기 위해서 조건표(어떤 조건에서 만들어야 하는지의 기준)와 품질 점검 표준서(그 기준 달성을 확인하기 위한 방법과 빈도를 정한 것) 그리고 경향 관리도(품질을 나타내는 지표의 로트/시간/시프트(주간·야간)/날짜 등에 따른 변화를 기록하고 이상이 있으면 대책으로 연결하기 위한 것)를 사용해서 관리한다.

　중요 공정 관리에는 비용이 든다. 따라서 이것저것 무턱대고 대상을 삼아서는 안 된다. 정말로 중요한 부분에만 중점적으로 개선 대책을 집중해서 절대로 문제를 일으키지 않게 한다는 철저한 자세가 필요하다. 여기에는 공정 관리에 우선순위를 매겨서 개선 효과가 분산되지 않도록 하는 의미도 포함되어 있다.

▶ 개선 지도의 중요 핵심

① 중요 공정의 인식
- 어느 공정이 특히 중요한지를 인식한다
- 식품 회사라면 조합 공정

② 중요 공정의 관리 방법
- ①의 중요 공정에 적절한 관리 방법을 전달한다
- 조건표, 품질 점검 표준서, 경향관리표 등

불량품의 발생을 숨겨서는 안 된다

　그런데도 다양한 원인에 의해서 공정 내 문제가 발생해서 불량품은 계속해서 나온다. 거기에서 가장 중요한 것은 불량품이 발생할 때의 적절한 대응이다.

　불량품의 자료(공정 내 불량)와 납품 업체의 불만 정보(납품 업체 불량)를 철저히 기록해야 하며, 또 단순히 기록만 하고 그 정보를 활용하지 않으면 아무런 의미가 없다.

미쓰비시 자동차와 그 자회사인 미쓰비시 후소우 트럭 버스의 경영 간부들한테 바퀴가 튕겨 나간 사고의 과실 책임을 물어 체포와 기소된 사례를 굳이 인용할 필요도 없이, 공정 내 불량과 납품 업체 불량의 불량품 자료들을 은폐하는 것에 대한 우려를 지금 다시 한 번 인식할 필요가 있다. 또한, 일상 업무에서의 실패를 뒤에 참고하기 위해서는 기록과 확인 작업은 반드시 이루어져야 한다.

어느 한 공장에서는 개선 활동의 초기 단계부터 문제점에 대한 기록이 거의 이루어지지 않았다는 것이 나중에 밝혀졌다.

트레이너의 말에 의하면, "오늘은 트레이너 선생이 오니 청소(5S)하자."라는 식의 현장 분위기였다고 한다. 순간 정지와 완전 정지가 일어나도 그때뿐인 문제 해결 조치밖에 취하지 않은 것은 물론, 자료도 남아 있는 게 전혀 없었다. 설혹 자료가 남아 있다 해도 자료 취하는 방식조차 틀려 있는 사실에 그저 놀랄 뿐이었다.

그러한 현장은 주의해서 보아야 할 대상이다. OJT 솔루션즈의 트레이너들도 그러한 안이한 자세를 바꾸는 것부터 개선을 시작한다.

그리고 그와 같은 현장에서는 트레이너가 작업자를 붙들고 얘기하면 반드시 "트레이너한테 무슨 말을 들었나? 뭐라고 하는가?"라고 주변 사람들이 탐색한다고 한다. 그런 자세를 바꾸는 데만 수개월 걸린다. 그러한 현장에 처음에는 트레이너들도 매우 당황하였다.

그 상황을 헤쳐 나간 계기가 된 것은 휴식 시간과 식사 시간에 마음을 열고 그들 안으로 들어간 다음부터이다. 제대로 된 의사소통은 정보 교환으로까지 연결되어 어느새 트레이너와 현장과의 신뢰 관계로까지 발전했다.

미쓰비시 자동차의 실례를 들 것도 없이 문제점 감추기와 체질화된 은폐는 그러한 직장 내의 의사소통 부족과 분파주의가 원인이라는 것은 부정할 수 없다. 그야말로 제방의 붕괴는, 보이지 않는 작은 균열에서 시작된다는 것을 명심해야 할 것이다.

6. 1그램의 무게가 공장 전체를 개선한다

제품 비율 대책

제품 비율이란, 가공했을 때의 원료에 대한 제품 비율을 말한다. 불량품이 줄어들면 제품 비율이 올라가 제조비용이 덜 든다. 반대로 불량품이 많이 발생하면 제품 비율이 낮아져 제조비용은 올라가게 된다.

어느 한 공장에서는 그 제품 비율의 기준이 되는 불량품을 점검하는 전자저울의 중량 계측 정밀도가 놀랍게도 70% 미만이었다는 사실도 나왔다. 그러면 품질 관리의 신뢰도는 거의 제로에 가깝다는 얘기가 된다.

그 공장의 OJT 솔루션즈의 트레이너가 지도한 개선 핵심은 현장에서 사용하고 있는 원재료로 최대한 얼마만큼의 제품을 만들 수 있는가 하는 점을 생각하게 하는 것이었다. 즉, 계산상으로 산출한 표준 제품 비율이라는 이상형에 가장 가깝게 근접하고자 하는 목표가 설정되었다.

막상 목표 달성을 위해 임하기 시작하자 고작 1그램의 결함 있는 제품이라도 전 공정에 엄청난 손실을 가져다준다는 것을 알 수 있었다. 예전에는 생각지도 못했던 '1그램의 무게'를 지금은 뼈저리게 느끼고 있다.

그 공장에서는 그 후 표준 제품 비율을 달성하는 데 성공해서 비약적인 생산 효율을 올리는 공장으로 바뀌었다. 1그램의 무게가 공장 전체의 개선 활동을 크게 활성화하는 데 밑거름이 되었다.

6장

원가 관리의 개선이
생산 효율이 높은 기업을 만든다

1. 가격을 결정하는 것은 고객이다 –도요타식 원가 개념
2. 한 개의 제품에 몇 초 걸렸나? – 철저한 공수 관리
3. 철저한 원가 관리를 위해서
4. 재고 관리도 원가 관리의 중요한 개선 항목
5. 원가 절감 활동에 임한다

1. 가격을 결정하는 것은 고객이다
– 도요타식 원가의 개념

원가는 역산해서 구하라

원가 관리는 주로 총비용 관리, 공수 관리, 재고 관리, 원가 절감, 철저한 원가 의식 이 5개 항목으로 분류된다.

도요타에서는 "가격을 결정하는 것은 고객이다."라는 사고방식이 철저하다. 실제로 들어간 원가에 단순히 이윤을 붙여서 가격을 결정하는 원가주의는 제품의 낭비, 무리, 불균일을 만든 책임을 고객에게 떠넘기는 행위이며 시장에서 살아남을 수 없다. 고객에게는 그 제품의 원가가 얼마인지 하는 것은 관심 밖의 이야기이다. 어디까지나 고객이 요구하는 적정 가격을 기준으로 거기에서 원가를 역산해서 결정하는 것만이 도요타에서 말하는 '원가'라는 개념이다. 그러한 고객이 요구하는 부가가치가 높은 제품을 고객이 요구하는 가격으로 제공하기 위해서는 철저하게 낭비를 제거하고 원가를 낮추는 시도가 이루어진다. 그것이 바로 '원가 절감'이다.

그러나 원가를 낮추는 것만으로는 물건은 팔리지 않는다. 고객의 요구에 맞는 제품을 고객의 요구에 맞춘 때에 제공하는 것이 중요하다. 고객이 요구하는 가격을 알아서 고객이 요구하는 제품을 고객이 요구하는 때에 제공하기 위해서는 '도요타 생산방식'에서 배울 점이 많다. OJT 솔루션즈는 그 도요타 생산방식의 구체적인 방법을 고객 기업에 맞춤형 개선 프로젝트로 제공한다. 그 때문에 기업에 따라 개선해야 할 핵심은 천차만별이다. 그 구체적인 예를 바탕으로 원가 관리를 설명한다.

▶ 원가 관리의 5가지 항목

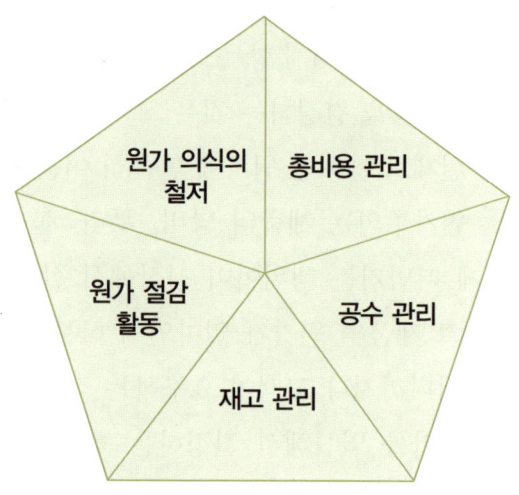

총비용 관리는 각 부서 단위로 관리하라

나카무라 수석 트레이너는 대부분의 현장에 총비용 관리에 대한 인식이 잘못되어 있는 경우가 많다고 지적한다.

총비용 관리는 회사 차원에서가 아니라 현장 차원에서 관리되는 것이 중요하다. 예컨대, 도요타에서는 각 공장 내의 부서별 단위로 총비용을 관리하는 체제가 철저히 되어 있다. 그런데 일반 기업에서는 경리나 부장 이상의 상층부에서 관리되고 있는 경우가 많다. 그 때문에 현장의 과장이나 반장한테 원가 절감이라는 목표 그 자체가 없다. 목표가 없는 것만큼 편안한 직장은 없다.

총비용 관리를 철저히 하기 위해서는 공장 단위, 부서별 단위로 원가 절감의 방침을 세우는 방침 관리가 필요한데 실제로는 공장 단위에 머물러 있는 경우가 많다. 도요타에서는 본사와 공장을 불문하고 근무 시간 중에 1시간 단위로 부서별 소비 전력이 표시된다. 예컨대, 품질 관리를 할 때의 품질 검사대의 전기와 라인을 밝히는 전구는 항상 켜 두어야 하지만 그 이외는 부서 단위로 총비용 관리가 철저하다.

점심시간에 복도의 전기가 켜 있으면 바로 가서 끈다. 그렇게 하면 자연스럽게 원가 절감 의식이 몸에 밴다. 물론 쓸데없이 켜져 있으면 질책당한다.

꼭 그렇게까지 해야 하나라고 생각할 수 있겠지만 적어도 그렇게 하는 것이 정상적이다.

확실히 도요타에서는 공장은 물론 도쿄 본사의 복도와 실내에서도 불필요한 전기는 모두 꺼져 있다. 그러나 그것은 "마른 수건도 쥐어짠다."라고 일컬어지는 도요타 생산방식의 극히 작은 한 예에 불과하다.

사실, OJT 솔루션즈의 고객 기업 중에는 "꼭 그렇게까지 해야 하나?"라는 반응을 보이는 기업도 적지 않았다고 한다.

"우리는 공장 단위로 총비용 관리를 하는데 그게 그렇게 문제가 되는 것일까?"

"부서별로 총비용 관리를 하면 정말로 제대로 될까?"

"관리 본부에서 일괄적으로 관리하는 편이 오히려 효율적이지 않을까?"

그러나 실제로 현장 차원에서 총비용 관리를 맡겨 본 적이 있는 기업 관계자는, "맨 처음에는 저항감도 들었습니다. 광열비 정도라면 모를까 인건비도 포함되어 있었기 때문이죠. 그러나 막상 해 보니 현장 관계자들이 서로 경쟁하면서 적극적으로 임하는 자세로 바뀌는 듯한 느낌이 들었습니다."라고 말한다.

경영자의 빗나간 인식의 벽

직접 자재에 민감한 경영자는 많이 있다. 그런데 공장에서 사용하고 있는 장갑 등의 간접 자재에 대한 원가 절감 의식은 희박하다. 그러면 총비용 관리를 제대로 할 수 없다. "누군가 알아서 관리하겠지."라는 의식에서 "내 현장은 내가 관리한다."라는 의식의 변혁은 현장에 엄청난 효과를 가져다준다.

경영진이 난색을 표하는 곳은 역시 인건비 관련 부분이다. 부서별로 원가 절감을 맡겨 버리면 인건비 자료가 현장으로 쉽게 넘어가는 것은 아닐까? 생산 업무가 소홀해지는 것은 아닐까? 라는 점을 걱정하고 있기 때문이다.

그러한 원가 절감에 대한 경영진의 잘못된 인식이 부서별로 원가 절감하고자 하는 환경을 만드는데 방해되는 요소이다.

트레이너도 그것 때문에 골머리를 앓고 있다. 실제로 잔업 시간과 재고 수량의 원가 절감 정도는 현장 차원으로 맡기고 싶은데, 분명한 목표가 현장에 주어져 있지 않아서인지 현장에서도

▶ 기업을 둘러싸고 있는 7+1의 낭비

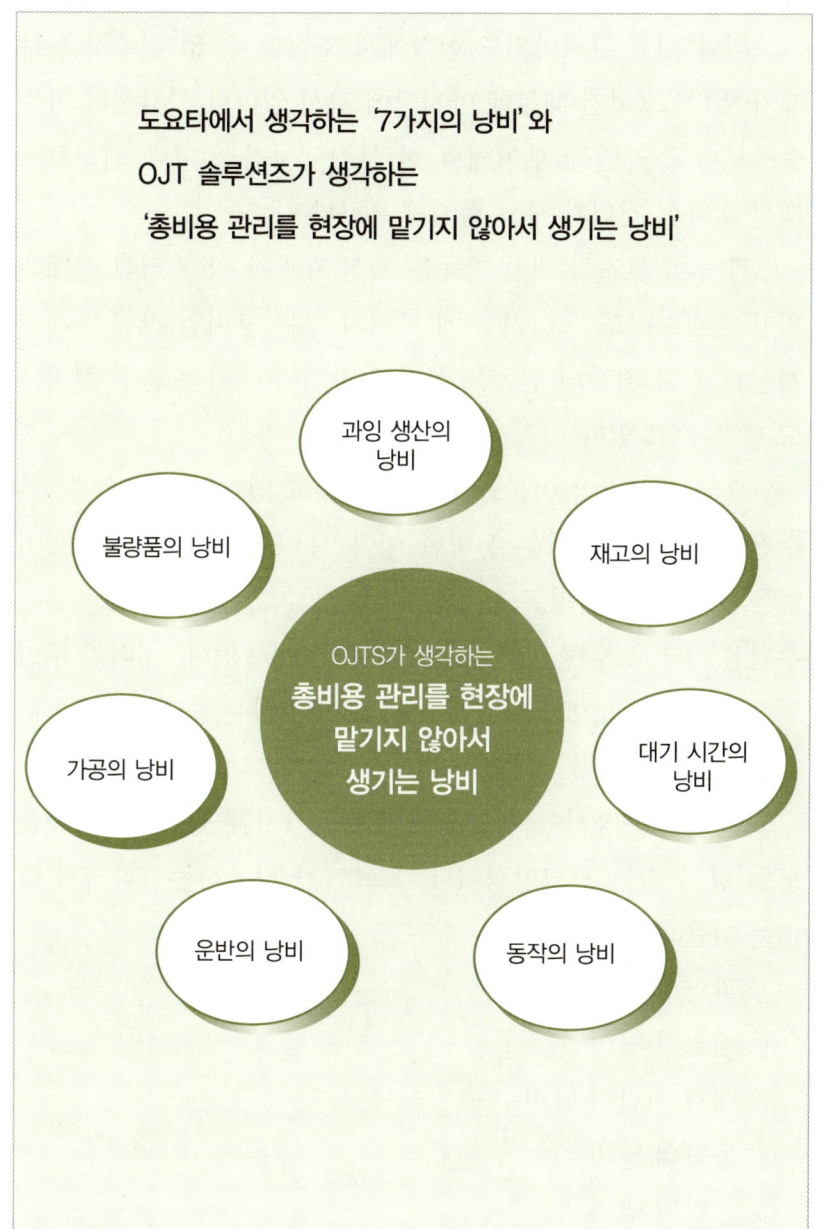

등을 돌리고 마는 형편에 있다.

  그러나 재고 관리마저도 현장에서 조절할 수 없다는 것은 문제가 있다. 그렇기 때문에 마지막에 가서 얼마나 삭감했나 하는 숫자보다도 권한을 부여해서 현장 작업자가 얼마나 진심으로 개선에 나설 것인가 하는 점이 중요하다.

  OJT 솔루션즈의 개선 활동은 개선 효과가 있는 직접 자재의 원가 절감보다도 오히려 눈에 보이지 않는 낭비인 간접 자재의 개선과 원가 절감의 권한을 현장에 맡긴다고 하는 환경 정비에도 힘을 쏟고 있다.

  도요타 생산방식 이론을 웬만큼 꿰뚫고 있다는 사람은 "마른 수건도 쥐어짠다."라는 유명한 이야기는 적어도 몇 번은 들어봤을 것이다. 오해의 소지가 많은 문장이지만 참된 의미는 마른 수건을 그대로 두면 공기 속의 습기를 빨아들인다. 내버려 두면 원상태로 되돌아가기 때문에 눈에 보이지 않는 습기를 한 번 더 짜낸다는 의미이다.

  도요타 생산방식이 지향하는 것은 '가치를 낳지 않는 것은 모두 낭비'라는 사고방식이다. 도요타가 강조하는 7가지의 낭비는 다음과 같다.

  ① 과잉 생산의 낭비
  ② 재고의 낭비
  ③ 대기 시간의 낭비
  ④ 동작의 낭비
  ⑤ 운반의 낭비

⑥ 가공의 낭비

⑦ 불량품의 낭비

여기에 한 가지 더 추가하면 '총비용 관리를 현장에 맡기지 않아서 생기는 낭비'일 것이다.

2. 한 개의 제품에 몇 초 걸렸나?
   – 철저한 공수 관리

식품 회사의 인시생산식수

　4장의 생산 관리에서도 설명하였지만 도요타에서 말하는 공수 관리란, 한 개의 제품에 몇 초 걸렸나 하는 의미이다. 그러나 업종에 따라서는 시간 단위의 생산 개수가 수 만개에 이르는 수도 있다. 그러면 오히려 한 사람의 작업자 한 시간에 몇 개의 제품을 만들었는가? 하는 시간 단위로 관리하는 게 더 낫다.

　식품 회사에서는 생산 공수를 인시생산식수라는 지표로 바꾸어서 사용하고 있다는 것을 앞에서도 다루었다. 그것은 1일의 생산식수를 작업 시간과 인원을 곱한 수치에서 나눈 것이다. 현재, OJT 솔루션즈의 고객 기업에는 식품 회사가 많아 그 생산식수 지표를 많이 사용하고 있다.

　다음 그림은 어느 한 공장의 인시생산식수의 상황과 목표를 바탕으로 수치화한 계산식의 참고 예이다. 계산하기 쉽도록 일부 숫자를 간략화했다.

　하루 8시간 가동한 1시간당 생산식수는 개선 전으로 9,879식(食). 그것을 인시생산식수로 나타내면 537식 즉, 한 사람의 작업자가 1시간에 537식을 만든 것을 나타낸다.

　OJT 솔루션즈의 개선 프로젝트 시작 후 이 공장에서는 3개의 생산 라인에 각각의 개선 목표를 부여했다.

　1라인, ①생인화 ②제품 비율 기재 ③인원 재배치 ④조작 기

능원 교육

2라인, ①표준 제품 비율 향상 ②생인화

3라인, ①제품 비율 확보 ②생인화 ③이의 제기 삭감

그 결과, 도표에서 알 수 있듯이 ①제품 비율수(식/봉지)가 250에서 260, ②반죽 횟수가 30에서 32, ③기계 정지율이 0.95%에서 0.98%, ④작업자가 18명에서 15명으로 개선되어 인시생산식수는 537식에서 690식으로 되어 실제 28% 이상의 증가를 달성했다는 것을 알 수 있다.

그 공장은 그때까지 사람과 기계의 시간 관리가 제대로 이루어지고 있지 않았었다. 그래서 트레이너는, 시간 관리를 철저히 하자는 목표를 갖기로 했다. 그제야 비로소 인시생산식수라는 공수 관리의 사고방식을 도입하면서 동시에 원가 관리도 확실히 되도록 지도했다.

도요타식 원가 관리는 정리 해고를 하기 위한 것이 아니다. 낭비를 없애고 효율적인 체제를 갖추기 위해 필요한 기준을 만드는 데 있다. 원가 관리도 없이 공장 전체의 비용 관리를 한다는 것은 있을 수 없는 일이다.

▶ 개선 전과 개선 후의 인시생산식수

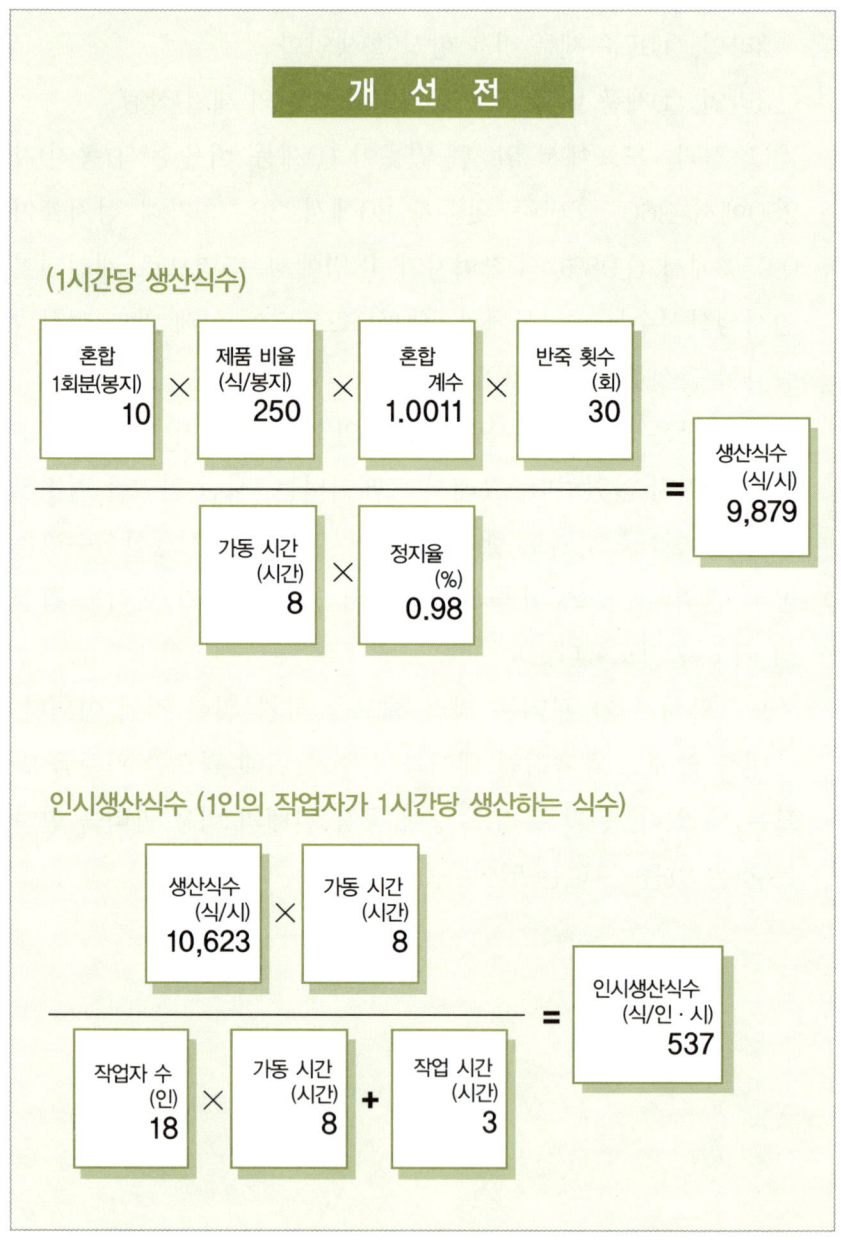

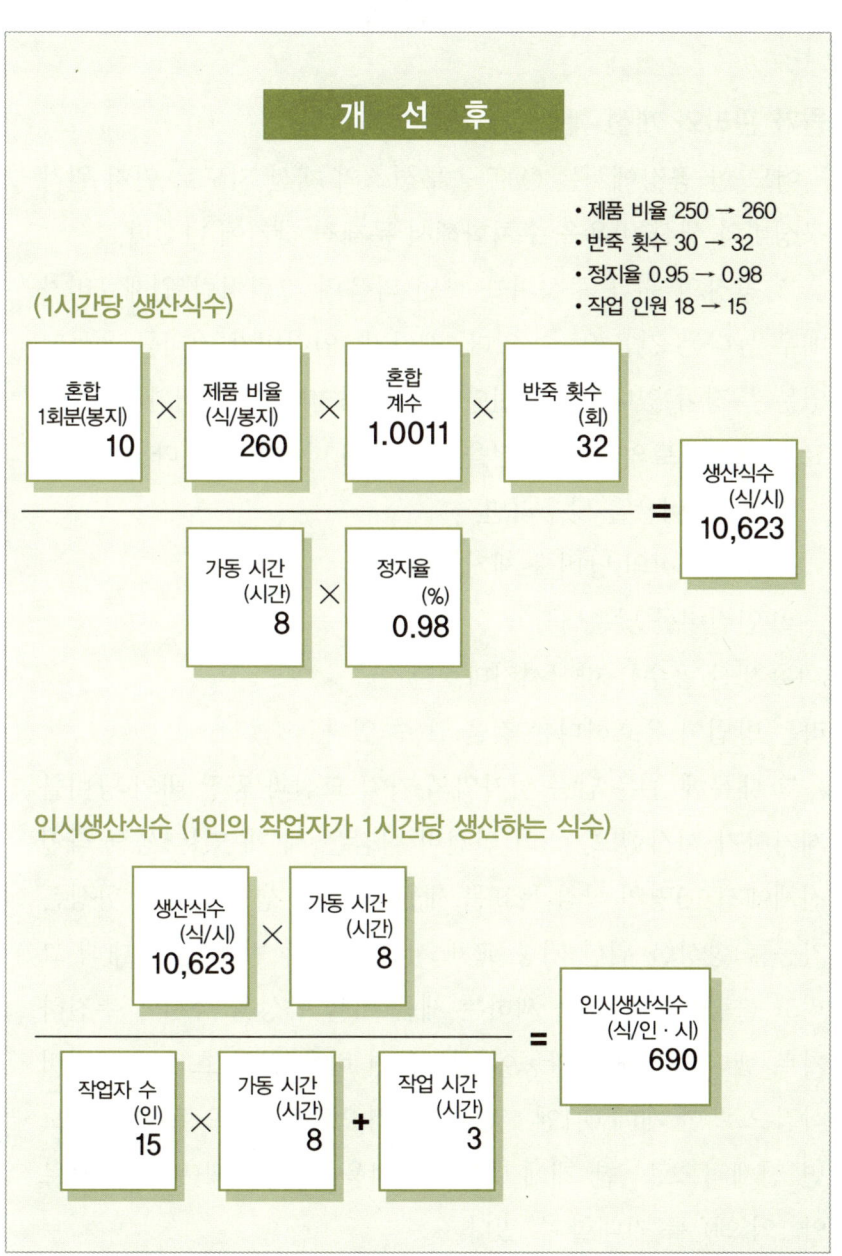

3. 철저한 원가 관리를 위해서

원가 관리와 개선 활동

어느 한 공장에서는 OJT 솔루션즈의 개선 지도로 먼저 원가 구성비와 생산 비용을 수치화해서 문제점 찾기에 나섰다.

그 공장의 원가 구성비를 보면 다음의 그림처럼 원재료비가 매우 높다는 것을 알 수 있다. 게다가, 인건비가 경비를 웃돌고 있는 특징이 있다. 현장 진단 양식에서 파악된 그러한 현장 자료는 프로젝트의 개선 핵심을 정확하게 나타내고 있다.

즉, 생산 비용을 낮추려면,
① 원재료비의 낭비를 제거한다
② 인건비를 낮춘다
③ 생산 공수를 향상시킨다

라는 방법이 유효하다는 것을 알 수 있다.

그 때문에 ①은 납품 업자와의 가격 교섭과 공장 내의 낭비를 제거하기 시작했고, ②의 인건비 삭감은 세 개 있는 생산 라인 전체에서 10명의 삭감 목표를 세웠다. ③의 생산 공수의 향상은 가동률 향상을 위한 기종 교체 시간 단축과 빈발 정지 대책 그리고 불량품 줄이기를 꾀하는 제품 비율 향상을 동시에 추진하기로 했다. 그 개선 활동이 성공하면 비용 절감 효과는 인건비 삭감으로 한 개에 0.1엔, 생산성 향상으로 0.2엔으로 검산해 보면 전체적으로 '한 개에 0.3엔의 비용 절감 효과(년 환산으로 약 1억 엔)'를 기대할 수 있다.

▶ 원가 구성비의 수치화

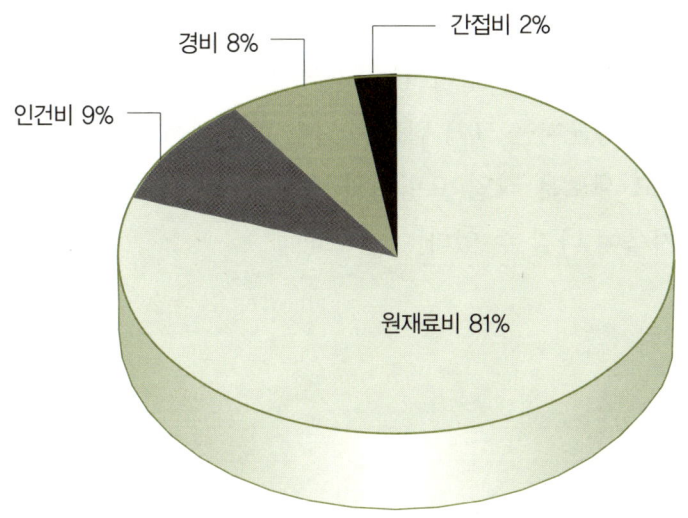

원가 관리 항목의 시각화가 효과를 발휘한다

 현장의 개선 의식을 높이려면 그러한 원가 관리를 항목별로 시각화를 실천한다. 다음 도표는 어느 한 공장의 제품 한 개의 단가 추이를 전체와 제조 라인(A, B)별로 나타낸 것이다. 도표를 보면 평균치를 기준으로 1년 중 어느 달의 제조 단가가 상승하고 어느 달의 단가가 내려가 있는지를 잘 알 수 있다. 제품 단가의 파도에는 제 나름마다 이유가 있다. 주문이 집중하는 시기와 그렇지 않은 시기, 임시직 작업자가 많은 시기와 그렇지 않은 시기 등의 요인에 영향을 받기도 한다.

 원가 관리의 최대의 목표는 그 제품 단가의 산포를 없애고 평균치를 전체적으로 밀어 올리는 데 있다. 생산 라인의 현장별로 그러한 원가 관리 항목의 추이 정보를 항상 확인할 수 있도록 하면 산포를 평준화하려는 의식이 작용한다. 제품 단가가 높은 달은 낭비가 비용에 미치는 것을 실감할 수 있다. 반대로, 제품 단가가 평균치를 크게 밑도는 달은 현장에서 그 작업 순서를 검증하고 새로운 작업 요령서와 개선의 핵심으로 계속적인 노력을 기울여 나갈 수 있다.

▶ 생산 라인 전체의 월별 제품 단가

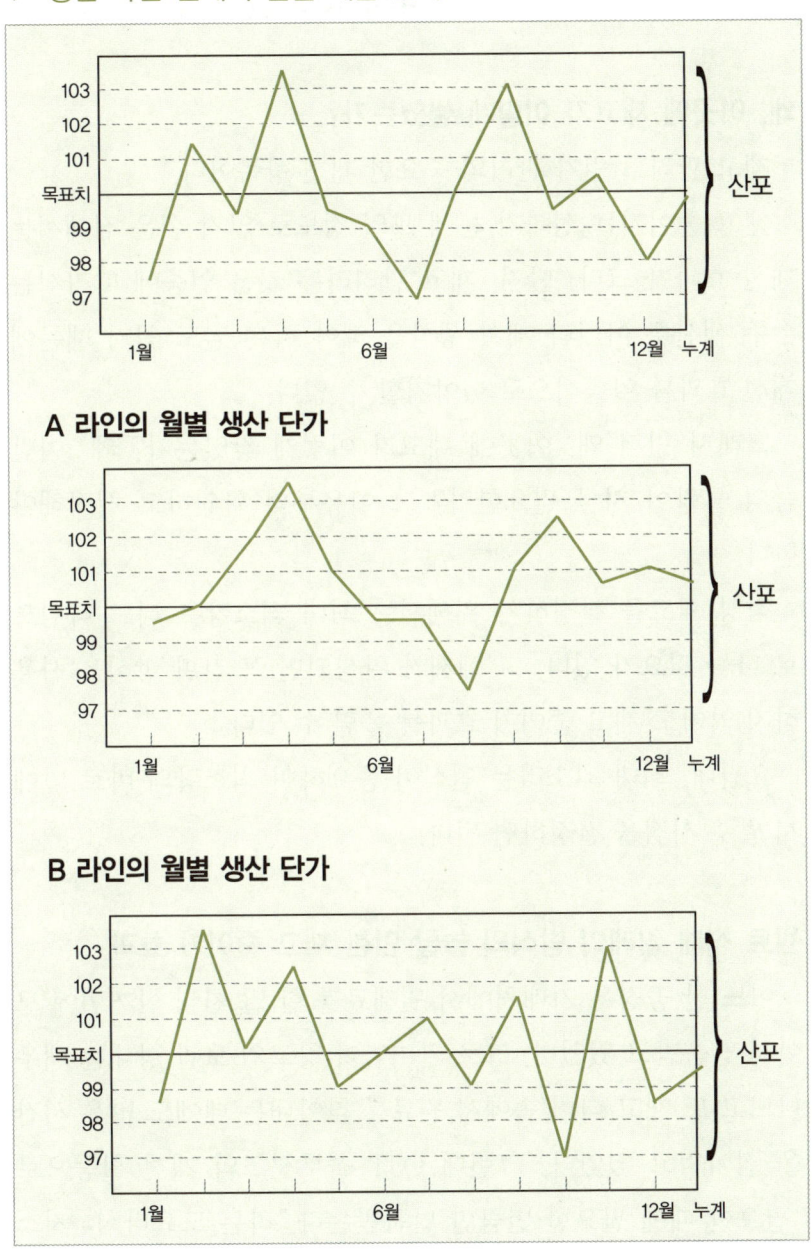

A 라인의 월별 생산 단가

B 라인의 월별 생산 단가

4. 재고 관리도 원가 관리의 중요한 개선 항목

왜, 이곳에 재고가 이렇게 쌓였는가?

재고 관리도 원가 관리의 중요한 개선 항목이다.

재고 줄이기는 성과가 눈에 보일 정도로 알기 쉬운 점에서는 개선 효과가 크다. 단지, 재고 관리라는 것은 업종에 따라서는 수주 생산뿐 아니라 계획 생산을 해야 하는 일도 있기 때문에 개선 효과를 일률적으로 이야기할 수 없다.

그래서 먼저 왜, 이곳에 재고가 이렇게 쌓였는가? 왜, 이만큼의 물량이 지금 필요한가? 그 이유부터 확인하고 시작해야 한다.

적정 재고를 결정하기 위해서는 최대 최소량을 리드 타임으로 나눌 필요가 있다. 그 체제가 완성되면 꼭 간판 방식을 사용하지 않아도 재고 줄이기 효과를 올릴 수 있다.

요컨대, 최대 최소라는 인식이 중요하며 최소량의 바로 앞에서 발주 시점을 결정하면 된다.

원료 직배 릴레이 방식의 놀랄 만한 재고 줄이기 효과

어느 한 공장은 거래처에서 원재료를 한 달 치씩 한꺼번에 모아서 납품받고 있었다. 그로 말미암아 창고의 보관 상태는 매우 나쁘고 또 재고 더미 속에서 원료를 찾아내는 데에도 많은 시간을 잡아먹고 있었다. 그런데 OJT 솔루션즈의 개선 활동으로 "필요한 때에 필요한 만큼만 납품받는다."라는 도요타식 '저스트 인 타임(JIT)'을 도입한 결과 연간 800톤의 원료 재고를 500톤 이하까지 감소하는 데 성공했다. 그것은 공장 내의 사내 운반 방식을 근본적으로 재검토한 결과였다.

그 공장은 개선 전까지는 각 공장에서 일시 보관하는 비효율적인 밀어내기 방식을 쓰고 있었지만 개선 후에는 매일 필요한 양만큼 각 공장의 담당자가 원료 창고에서 가져오는 원료 직배 릴레이 방식으로 바꿨다. 그 결과, 원료 창고의 활용 공간을 크게 확보할 수 있었고 그 빈 공간에 새로운 기계 7대를 설치해서 생산 효율을 매우 크게 상승시키는 데 성공했다.

그 공장 거래처 간부도 "개선 활동에 착수한 것은 알고 있었지만 그 정도의 효과가 나올 줄은 몰랐었다."라며 개선된 모습에 놀라워했다. 거래처조차 성과가 나오기까지는 어느 정도 시간이 걸릴 것이라고 생각하고 있었다. 그런데 그런 성과가 나오니 놀라는 것도 무리가 아니다. 그 즉시 거래처에서도 원료 직배 릴레이 방식을 공장에 도입했다.

300톤의 재고를 압축

그 원료 직배 릴레이 방식에 대해 구체적으로 설명하고자 한다.

그 공장은 그때까지 거래처에서 원료를 월 1회 일괄해서 한 번에 트럭으로 운반되었었다. 그 양은 한 달 치로 최대 70톤(연간 800톤)에 이른다. 반입된 원료는 일단 창고에 보관한 다음에 다시 공장 내 창고 건물 밖으로 산적해 놓고 일시 보관한다.

▶ 원료 직배 릴레이 방식 ①

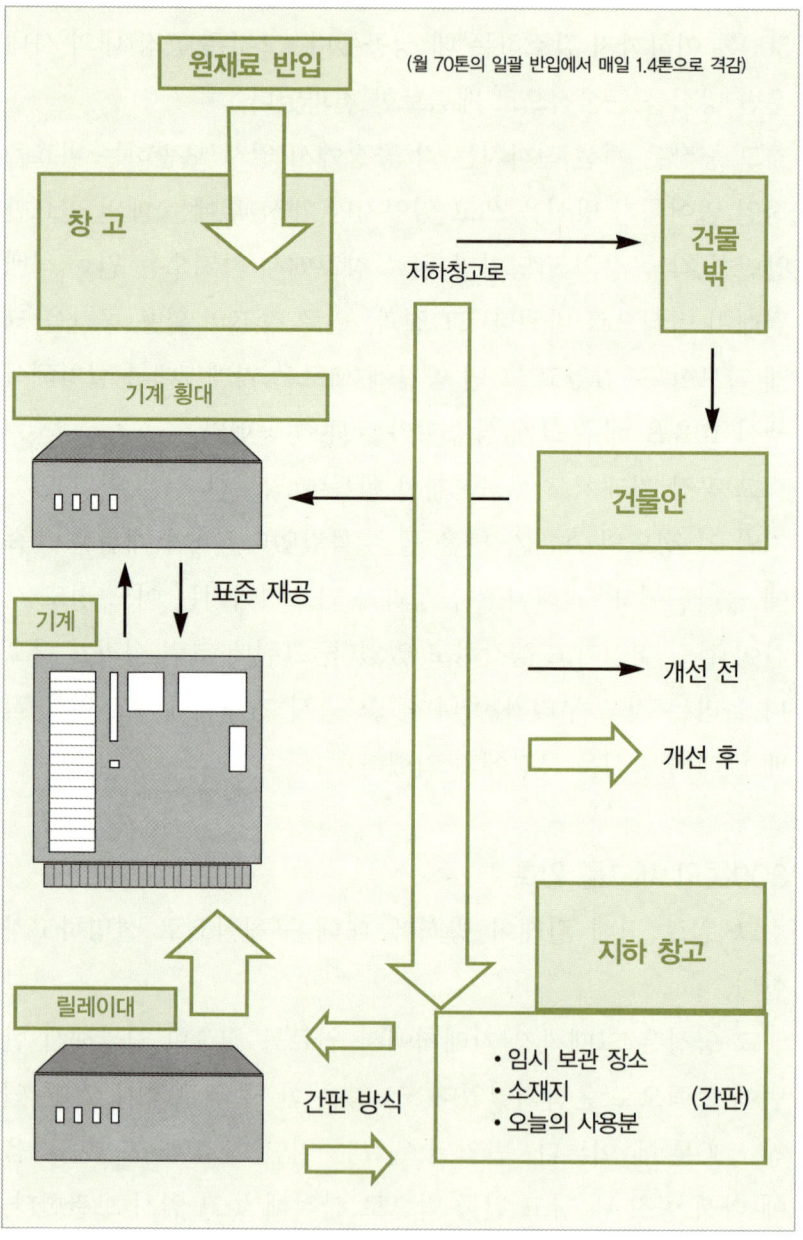

거기에서 기계의 가로축 공간인 원료 적치장으로 옮겨지고 그 중에서 그날 사용되는 양만큼 기계에 투입하는 체제로 되어 있었다.

그에 비해 원료 직배 릴레이 방식은 먼저 거래처의 월 1회 일괄 반입을 중지하고, 1회에 창고에 반입되는 원료를 공장의 후공정 지시에 따른 납품 체제로 바꾼다. 다시 창고에서 공장 내의 지하 창고로 옮기는 양을 하루의 사용량인 1.4톤으로 제한해 거기에 임시 보관소, 소재지, 당일 사용분이라고 쓴 '간판'을 도입해서 필요한 때에 필요한 양만큼 기계 부근인 릴레이 지점까지 옮겨 놓았다. 그것이 1단계이다.

그리고 그 개선으로 말미암아 생긴 창고의 공간을 이용하기 위해 창고 내에서 원료의 투입 공정으로 분류해서, 지하 창고를 거치지 않고 직접 릴레이 지점까지 옮겨서 기계에 투입할 수 있도록 했다. 그것이 2단계이다. 그 결과, 그때까지 열흘 치 22톤의 원료 재고를 이틀 치 2.8톤까지 재고를 줄일 수 있었다.

실제로, 그 원료 직배 릴레이 방식으로 줄인 원료 재고의 총량은 연간 300톤에 이르러 예상을 훨씬 뛰어넘는 큰 성과를 달성할 수 있었다.

그 공장은 재고 줄이기와 5S 부분에서 상당한 성과가 나왔다. 그때까지는 거래처에서 1개월 단위의 큰 로트로 반입되어 창고가 꽉 들어차 있어 무엇이 어디에 있는지 리프트를 운반하고 있는 작업자만 알고 있었다. 그 때문에 원료를 계속 위로 높이 쌓아 올리다 보니 위험한 상태가 벌어지기도 해서 "새로운 원료를 넣기 위한 창고를 증설해야 한다."라는 쓸데없는 계획도 세웠을 정도였다.

그런데 원료 직배 릴레이 방식의 사용으로 말미암아 거래처에서의 납품도 공장 측의 지시로 '저스트 인 타임(JIT)'을 실현할 수 있었다. 그 결과, 거래처의 납품 체제까지도 바꿀 수 있었을 뿐 아니라 보이지 않는 운반의 낭비를 비롯해 공장 내의 운반과 보관 시스템도 개선할 수 있었다.

원료 재고는 대부분 거래처의 시스템으로 이루어지는 공장이 많아서 공장만의 노력으로는 재고를 줄이기가 어렵다. 그런 만큼 원료 직배 릴레이 방식의 도입을 통해 거래처에 개선의 효과를 보여주는 것도 하나의 방법이다. 그것은 상대 거래처의 운송비용도 줄어들 뿐만 아니라 거래처 기업에서도 응용할 수 있는 시스템이기 때문이다.

과잉 생산의 낭비는 모든 낭비를 창출시키는 원인이다. 과잉 생산은 과잉 재고를 낳고, 보관 장소를 점유하며, 보관 작업에 인원이 있어야 하고 더 나아가 운반의 낭비까지 불러온다. 과잉 생산으로 발생하기 쉬운 재고는 그 근본 원인을 파헤쳐서 개선해야 한다.

▶ 원료 직배 릴레이 방식 ②

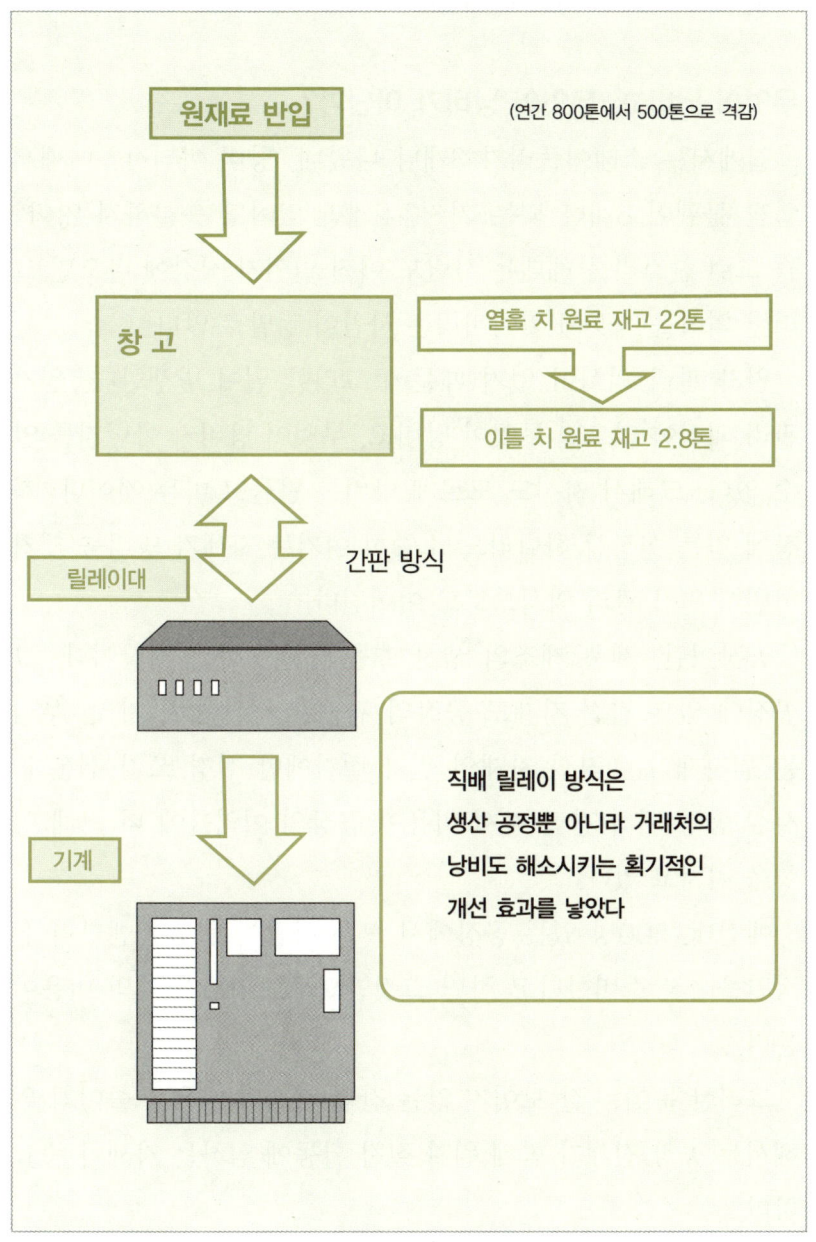

6장 원가 관리의 개선이 생산 효율이 높은 기업을 만든다

5. 원가 절감 활동에 임한다

무엇이 낭비고, 무엇이 낭비가 아닌가?

집에서는 스테이플러가 3개나 나왔네. 낭비 아니야? 어째서 빨간 볼펜이 8개나 되는 거지? 2개만 있어도 충분하지 않아? 늘 그런 잔소리를 해대는 사람도 어쩐 일인지 직장에 나오면 그러한 의식을 깨끗이 잊어버리는 사람이 정말로 많다.

원가 관리 의식이 없기 때문에 그러한 일이 발생한다. 원가 관리 의식이 없으면 무엇이 낭비고, 무엇이 낭비가 아닌지를 알 수 없다. 그래서 자신도 모르게 낭비를 만들고 마는 것이다. 직장에 있는 실장갑 하나라도 소중히 여기는 자세가 낭비를 제거하면서 원가 관리 의식으로도 이어진다.

공장이란, 제품 제조의 생산 효율을 추구하는 직장이다. 그 공장에 있는 간접 자재도 공장의 귀중한 자원이다. 자칫, 우리는 원자재라는 직접 자재의 원가 절감에만 신경 쓰기 쉬운데, 사실 공장 내의 간접 자재 비용이 공장의 이익률에 더 크게 영향을 미치고 있다.

예컨대, 500명 있는 공장에서 모든 사람이 월 500엔짜리 실장갑을 4장 소비한다고 하면 그것만으로도 100만 엔의 비용이 든다.

그러한 눈에는 잘 보이지 않는 간접 자재의 비용을 줄이기 위해서는 공장 전체가 함께 원가 절감 활동에 임하는 자세가 중요하다.

생인화(省人化)로 비용을 들이지 않고도 새로운 이익을

원가 절감 방법은 크게 2가지로 나눌 수 있다. 첫째는 인건비 삭감, 둘째는 생산성 향상이다. 어느 한 공장에서 검산해 보았더니 제조 전체에서 10여 명을 줄이면 제품 한 개에 0.1엔의 비용을 줄일 수 있다는 것을 알았다. 그러기 위해 4가지 개선점이 지적되었다.

① 3개의 제조 라인에서 각 1명씩의 생인화(省人化)를 도모한다.
② 제품 비율 기재를 철저히 해서 비용 의식을 갖는다.
③ 인원 재배치를 생각한다.
④ 기계를 조작하는 기능원을 재교육한다.

도요타에서는 '생력화(省力化)'가 아닌 '생인화(省人化)'를 중요시한다. 한 사람의 작업자가 손으로 한 개씩 옮기고 있는 것을 운반차로 한꺼번에 옮기면 생력화는 되지만, 그것은 작업자가 운반차 운전자로 바뀐 것일 뿐 필요 인원은 줄어들지 않는다. 게다가, 운반차 구입비용과 유지비용을 생각하면 되레 운반비용만 상승하고 만다. 오히려 운반 거리를 짧게 해서 작업자를 줄이는 편이 효율이 몇 배나 오른다. 그것이 생인화라는 개념이다.

그 공장도 그때까지 5명이 하고 있던 일을 4명이 할 수 있도록 지혜를 모아서 연구하기로 했다. 그 때문에 각각의 작업 시간을 시간 단위로 집계한 도표(작업 분담 도표)를 작성해서 휴식 시간의 중복과 작업의 낭비를 철저하게 배제하는 대책을 세워 왔다.

그렇게 해서 생인화한 인원은 재배치해서 새롭게 현장의 가치를 만들어 내는 일에 임하게 하는 것이 필요하다. 그러기 위해서는 재배치되는 인원은 인재로 채우는 것이 바람직하다. 생인화란 결코 퇴행적인 정리 해고가 아니다. 인원을 재배치함으로써 비용을 들이지 않고 새로운 이익을 창출하는 적극적인 개선 활동이다.

전원 참여형의 원가 절감 활동

원가 절감 활동의 목표 설정을 할 때, 개선 후의 '이상적인 모습'을 도식화하면 많은 도움이 된다.

먼저, 그림과 같이 가장 위에 '전 공장의 비용 절감 목표'를 내건다. 그 아래에 현장별로 '부서별 비용 절감 목표'를 넣은 다음 또 그 밑에 '각 생산 라인의 비용 절감 목표'를 넣는다. 라인별로 생인화, 가동률 향상, 제품 비율 향상 등 지표의 달성 목표를 내건다. 그리고 그것을 달성하기 위한 구체적인 개선 활동 계획의 진척 상황을 시각화해서 라인별 전날 실적 도표와 진척 상황 그래프 등을 현장에 게시하여 정보를 공유한다.

그런 상하 배열에 의한 피라미드형의 원가 절감(비용 절감) 활동의 이상적인 모습을 늘 현장에서 확인하면서 작업함으로써 전원 참여형의 원가 절감 활동을 실현할 수 있다.

▶ 원가 절감 활동의 이상적인 모습

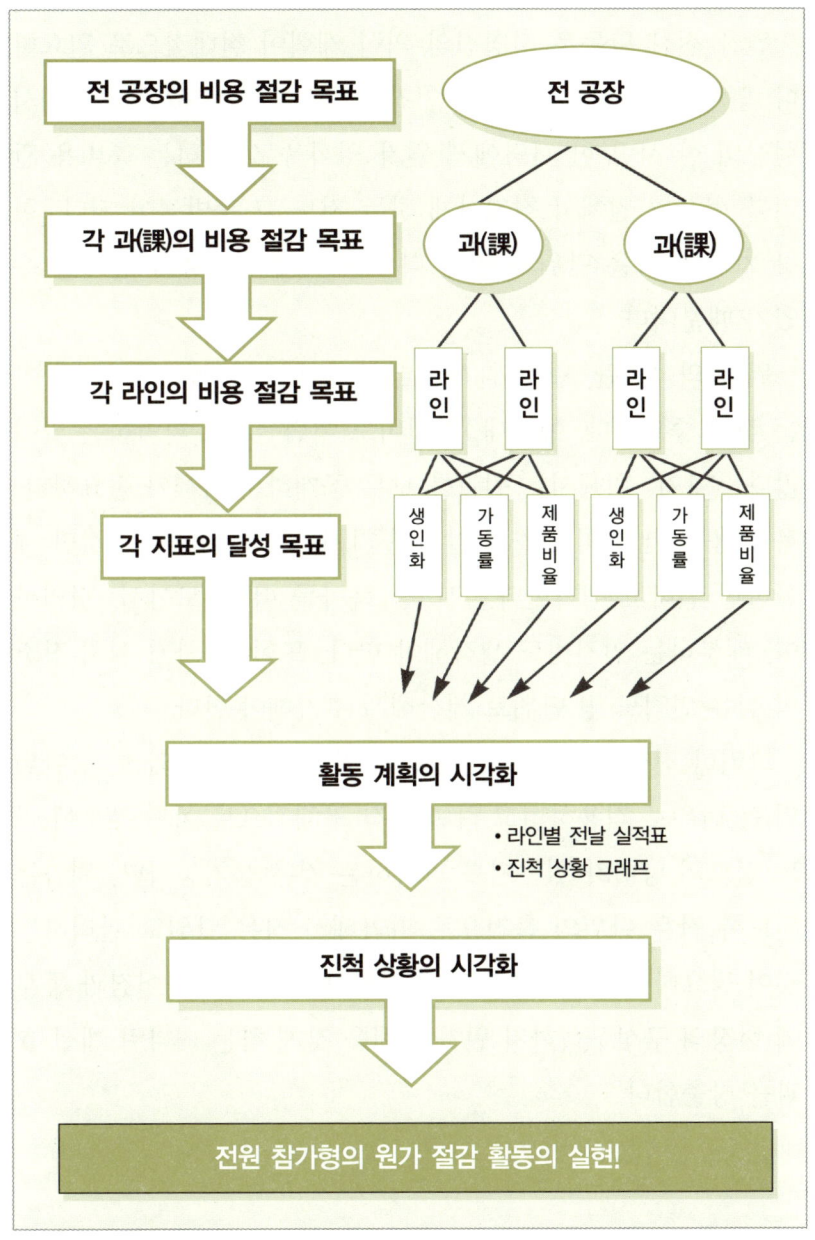

철저한 원가 의식

　원가 절감 활동은 경영진의 의식 개혁이 절대적으로 필요하다. 앞에서 말했듯이 현장의 인건비 등의 원가 자료를 공개해서 현장의 한 사람 한 사람에게 원가 의식을 갖게 하는 총비용 관리를 현장 차원에서 철저하게 하는 것도 그 출발점이 된다. 현장 차원의 작은 단위가 훨씬 더 세세하게 총비용을 관리할 수 있기 때문이다.

　원가 의식이란, 먼저 원가가 무엇인지 그것부터 상세하게 아는 것이 중요하다. 예컨대, 인건비도 어림셈으로 파악하는 일이 많다. '알기' 위해서는 원가를 모두 공개하는 자세가 필요하다. 복사 용지 한 장의 원가를 알려면 기계의 임차료와 용짓값만 계산하면 된다고 생각한다. 그러나 복사를 떠서, 모아서, 정리하여, 배분하는 인건비도 생각해야 한다. 또한, 복사기 설치 장소의 점유 면적도 평 단위로 계산해서 추가해야 한다.

　그러한 진짜 원가를 알기 위한 작업을 공장 단위와 회사 단위의 큰 단위로 적용하려고 하면 정작 구체적으로 어느 부문에 어느 정도의 낭비가 있는지를 파악하는 것은 불가능하다. 원가는 되도록 작은 단위의 축적으로 파악해서 작은 단위로 관리하는 것이 필요하다. 그 축적이 전체의 원가 절감으로 이어짐과 동시에 현장의 구석구석까지 원가 의식을 갖게 하는 커다란 개선 효과를 창출한다.

▶ 원가는 공장 단위가 아닌 작은 단위로 관리한다

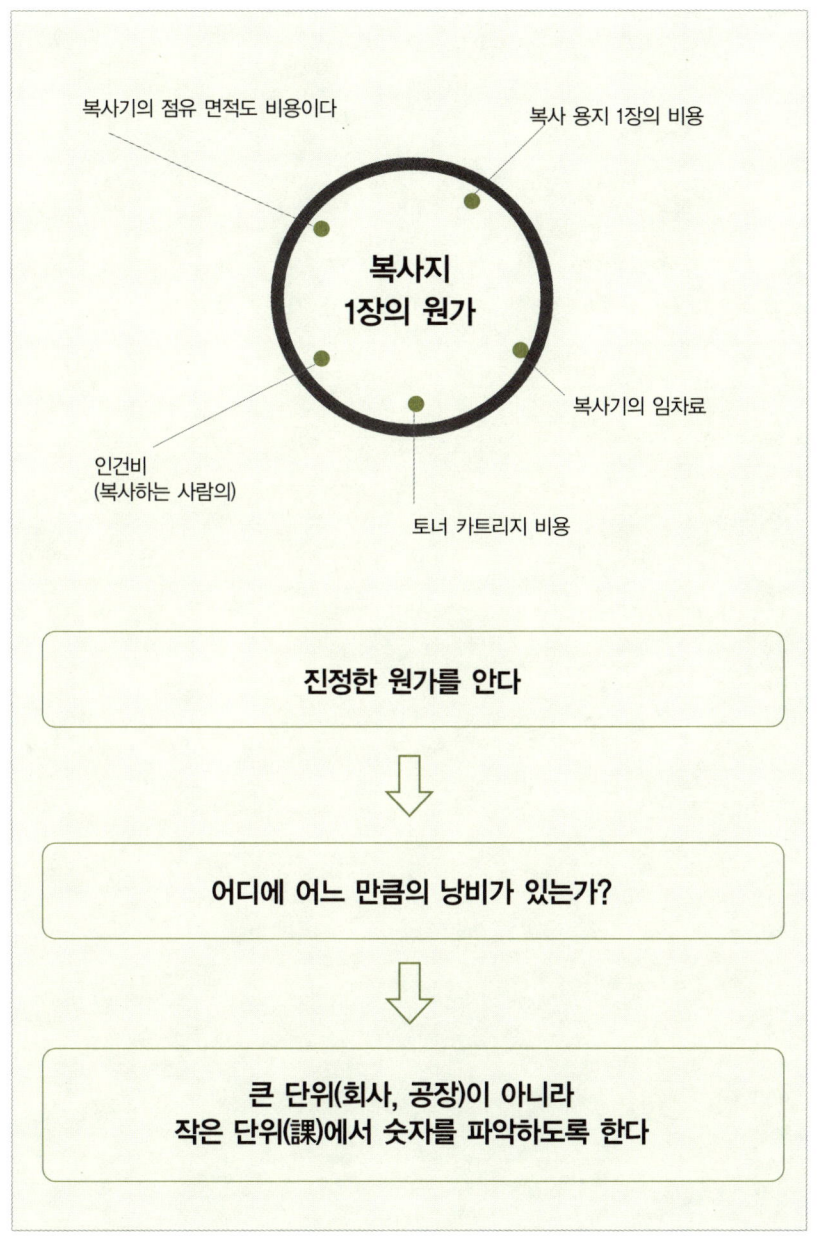

7장

현장 관리의 벽을 제거한다

1. 인사 관리는 개인별 능력표를 작성하는 것부터
2. 현장과 현장 밖 쌍두마차로
3. 보이지 않는 벽을 제거하면 개선은 진전된다

1. 인사 관리는 개인별 능력표를 작성하는 것부터

무엇이 가능해야 반장이 될 수 있는가?를 미리 정해 둔다

　지금까지 말해 왔듯이 생산 관리, 품질 관리, 원가 관리와 같은 중요한 개선 활동을 추진하는 것도 결국은 사람이 하는 일이다. 사람의 의식을 개혁하지 않으면 개선 활동을 성공적으로 이끌어 나갈 수 없다. 그 때문에 인사 관리, 온 더 잡 트레이닝, 오프 더 잡 트레이닝, 활성화, 의사소통의 다섯 가지로 분류되는 현장 관리는 생산 관리와 나란히 현장 진단 항목의 수가 많다.

　먼저, 인사 관리에서는 직급별 능력 요건과 소임 등이 확실하게 되어 있는지가 중요한 요소이다. 무엇이 가능해야 반장이 될 수 있는가? 반장은 무슨 일을 해야 하는가? 미리 명확하게 해 둘 필요가 있다.

　그런데, OJT 솔루션즈의 고객 기업 중에서 습득한 기술을 나타내는 '개인별 능력표'가 있는 직장은 그다지 많지 않다고 한다. 그 때문에 연공서열로 과장 등의 직위까지 오른 것은 좋지만 과장으로서의 소임을 제대로 못하고 있는 사람, 즉, 목표 관리를 제대로 할 수 없는 관리직이 많다는 것이다. 그래서는 곤란하다. 도요타에서는 과장으로 진급하기 전에 '진급 전 교육'이라는 커리큘럼이 있어 철저하게 과장에게 기대되는 능력 요건에 대해 집중적으로 학습 받는다.

　목표 관리를 제대로 수행하지 못하는 과장은 자신의 직무를 이해하지 못해 현장의 계장이 해도 될 일을 계속하고 있는 일도 많아 오히려 현장의 표준 작업 그 자체의 혼란을 불러온다. 그것은 장기적으로 보면 인재육성에 커다란 장해로까지 이어져서 직장 전체의 생산 능력 저하의 영향을 주게 된다.

과장은 큰 계장이 되어서는 안 된다

관리직의 일은 부하 직원의 신뢰를 받아서 성과를 올리는 것이다. 그러기 위해서는 부하 직원을 키워나갈 필요가 있다. 그런데 부하를 키우기는커녕 과장이 계장 일을 하고 있는 일도 허다하다. 과장이 계장의 일로 바쁘게 뛰어다녀서는 안 된다.

"과장은 큰 계장 구실을 해서는 안 된다!"라는 대원칙을 벗어나면 안 된다. 전혀 일하지 않는 과장은 논외로 하고, 부하 직원을 믿고 일을 맡기지 못하는 중간 관리직도 개선의 대상이다. 직장 내에서 직급별로 능력 요건과 소임 등이 명문화되어 있지 않기 때문에 무의식적으로 선배의 모습을 보고 흉내 내면서 과장이라는 자리에 있을 뿐이다.

그러나 그 폐해는 너무 크다. 현장이 능력 없는 중간 관리직으로 넘칠 뿐 아니라 그 뒤를 이을 부하 직원이 전혀 육성되지 않는다고 하는 심각한 상황도 불러일으키기 때문이다.

개인별 능력표는 능력을 표시한 도표

능력이 없는 중간 관리직을 없애고 부하 직원을 키우기 위해서는 직장의 개인별 능력표(작업자의 직무 수행에 필요한 능력을 명문화한 것)는 매우 중요한 의미가 있다. 예컨대, A는 X라는 작업이 가능하다. B는 Y 작업이 가능하다. C는 X와 Y 둘 다 가능하다. 그런 식으로 누가 무엇(무슨 일)을 할 수 있는지 능력을 표시한 도표로 만들어 두는 것이 중요하다. 그렇게 함으로써 작업을 효율적으로 나눌 수 있기 때문이다.

그러나 안타깝게도 고객 기업 중에서는 그 개인별 능력표가 있는 곳이 20~30% 정도밖에 안된다고 한다.

도요타에는 진급 전 교육이 있다는 것을 이야기했는데 그것은 사원의 자질을 높이기 위해 제도화된 것이다. 과장 후보인 사원은 과장으로 진급하기 전에 교육을 받아 과장다운 자질을

▶ 개인별 능력표로 능력을 한눈에 알아 볼 수 있도록

생산 1과	
공정명	

능력 내용 \ 작업자	A씨	B씨	C씨	D씨	E씨	F씨	G씨
기계 조작	○	○	△	○	×	△	○
작업 X	○	△	○	△	○	○	×
작업 Y	△	○	○	△	○	×	△
작업 Z	○	×	×	○	○	△	○
작업 요령서 작성	○	○	○	△	○	○	○
지도 능력	◎	○	△	○	△	○	×

갖춘다. 부족한 점은 계속 보충해 나가고 좋은 점은 계속 키워 나갈 수 있도록 교육받으면서 동시에 그 직급에서 요구되는 임무와 책무를 확실하게 숙지한다. 그렇게 하면 과장 후보도 스스로 과장이라고 하는 '바람직한 모습'을 그릴 수 있게 된다.

도요타식 바람직한 모습은 현장 관리에도 매우 큰 구실을 한다. 과장 후보는 과장직에 대한 이미지를 그리면서 목표 관리에 대한 자세를 갖추기 때문에 필연적으로 과장이라는 직급의 자리를 굳건히 지키게 된다.

그러나 개인별 능력표와 마찬가지로 그러한 '진급 교육'과 '직급에 대한 바람직한 모습'이라는 발상은 OJT 솔루션즈의 대부분의 고객 기업에는 없었다. 그렇기 때문에 회사 측도 그 관리직 후보에게 기대하는 직무와 직책을 이해하지 못한 채 계속 중간 관리직이 탄생해 나가는 악순환의 반복이었다.

과장의 소임은 부하 직원을 키우는 일

앞서 과장으로서의 관리직 소임에 맞지 않는 '큰 계장' 일로 현장의 제조 라인을 바삐 돌아다니는 일이 많다는 지적을 했는데, 그것은 사람을 관리하는 것보다 현장에서 뛰어다니는 것이 훨씬 수월하기 때문이다. 그러나 그러한 과장의 태도는 현장의 표준 작업을 스스로 무너뜨리는 것이나 다름없어 회사 전체에 엄청난 손실이다. 그래서는 인재를 키울 수 없을뿐더러 표준 작업에도 소홀해지는데 이는 개인별 능력표 작성 이전의 문제로써 회사 전체의 생산 능력을 현저하게 떨어뜨리고 만다. 그것은 개인별 능력표를 작성해야 할 관리직이 회사의 능력에 대한 규범을 파괴하고 있는 것과 마찬가지이다.

OJT 솔루션즈의 트레이너는 반드시 부하 직원을 통해서 성과를 올리라고 지도하는데 도요타에서는 지극히 당연한 일이다. 부하 직원을 통해서 성과를 올리기 위해서는 부하 직원을 키워야 한다. 키워나가지 않으면 성과로 연결되지 않기 때문이다. 부하 직원을 키워서 성과를 올리는 것이 곧 과장의 공적이다. 그것을 "다 내가 해야 해."라고 나서서 성과를 올리려고 하면 그게 좀처럼 쉽지 않다.

그런 것을 생각해 볼 때 부하 직원을 키워나가지 않는 관리자는 중대한 직무 위반을 하고 있는 것으로 그의 관리직으로서의 적성을 의심받게 되어도 어쩔 수 없다. 부하 직원을 키워나가지 않는 관리직은 성과주의라는 개념을 잘못 이해하고 있다고 할 수 있다.

반대로, 부하 직원을 제대로 키워나가고 있는 관리자가 담당하는 현장의 생산 능력은 뛰어나다. 또한, 관리직이라면 자신이 키운 부하 직원의 능력을 훤히 꿰뚫고 있어서 꼭 개인별 능력표에 명문화되어 있지 않아도 자신의 머릿속에는 모든 부하 직원의 개인별 능력표가 들어 있다.

다능공(多能工)으로 육성하는 비결

부하 직원의 능력으로써 요구되는 것이 한 사람의 작업자가 여러 공정을 담당하는 다공정 담당이라는 능력이다. 그 능력을 갖추고 있는 인재를 '다능공'이라 한다. 한편, "이것밖에 하지 못한다."라는 능력밖에 없는 작업자가 라인을 움직이고 있을 때는 공정 간에 반드시 무리, 낭비, 불균일이 발생한다. 그래서 다능공이라 하는 인재의 육성이 필요하다.

다능공을 육성하기 위해서는 똑같은 일에 오랫동안 종사하지 않도록 하는 것이다. 적당한 시기에 로테이션해서 다양한 공정을 경험하게 하여 기술을 습득할 수 있도록 해야 한다. 다능공을 많이 육성해 두면 모두 검사원으로서 품질을 점검할 수 있는 공정 품질 관리 체제를 가능하게 한다.

한편, 적극적인 사원 교육 체제도 중요하다. 어느 공장에서는 OJT 솔루션즈의 개선 활동과 병행해서 월 1회 고객 기업의 사장 자신이 주최하는 전 관리직을 대상으로 하는 관리직 교육을 시작한 뒤로 큰 효과를 올리고 있다. 그것도 외부 강사를 초빙하지 않고 사장을 비롯한 회사 내 관계자가 직접 관리직 교육을 담당한다고 한다.

OJT 솔루션즈의 간부도 그것은 대단히 좋은 방법이라고 평가한다. 본래, 관리직은 사내에 있는 구성원이 교육해야 하는 것이기 때문이다. OJT 솔루션즈가 시행하고 있는 개선 활동은 어디까지나 스스로 생각해서 문제점을 찾아내, 그 개선에 임하는 데 도움을 줄 뿐이다

2. 현장과 현장 밖 쌍두마차로

온 더 잡 트레이닝을 하고 있는가?

온 더 잡 트레이닝(On the Job Training)이란, 더 말할 것도 없이 지금까지 설명해 왔던 현지·현물(On the Job)로 도요타 생산방식의 개선 활동을 하는 것이다. OJT 솔루션즈의 회사명 자체가 온 더 잡 트레이닝(OJT)과 솔루션즈(문제 해결)의 첫 글자를 따서 만든 것에서도 그 열정을 느낄 수 있다.

지금까지 도요타 및 관련 계열 회사에서 도요타 생산방식을 전개해 온 '온 더 잡 트레이닝'은 도요타 출신 OB와 그 밖의 일부 컨설팅 회사에 의해 보급되어 왔다. 그러나 본서에서 소개하고 있는 OJT 솔루션즈는 도요타와 리쿠르트의 첫 사업 제휴로 탄생한 개선 프로젝트이다.

그 정도로 OJT 솔루션즈의 온 더 잡 트레이닝(현지·현물에 의한 개선 활동)에 대한 추진 방법은 도요타 그룹 중에서도 가장 기대되는 본격적인 신규 사업이라 할 수 있다. 언젠가는 전국의 생산 현장에서 "TPS(도요타 생산방식)를 사용하고 있습니까?"라는 인사에서 "OJTS(OJT 솔루션즈)를 도입하고 있습니까?"라는 인사로 바뀔 날도 머지않아 곧 올 것이다.

오프 더 잡 트레이닝을 하고 있는가?

한편, 온 더 잡 트레이닝에 대해서 오프 더 잡 트레이닝(OFF-JT)란, QC 모임 등 직장 밖의 작은 집단 활동 전반을 의미한다. 도요타에서는 그 '오프 더 잡 트레이닝'이 활발하게 이루어지고 있다.

도요타에는 창의적 연구 제안 제도라는 그룹 제안 제도가 있어 거기에서 품질 향상을 위한 활동과 다양한 동아리 활동이 이루어지고 있다. 본서의 길 안내자로서 자주 등장하는 OJT 솔루션즈의 나카무라 다케츠구 수석 트레이너는 그 창의적 연구 제안 제도에서 도요타 사상 최대인 10번의 표창을 받은 '초(超) 달인'이다.

직제별 동아리의 뿌리는 1948년에 탄생한 공기회(工技會)이다. 그 후, 오늘날까지 셀 수 없을 정도의 동아리가 탄생했다. 현재도 계층과 직장 간을 넘나드는 여성회, 현인회(懸人會), 문과회(文科會), 운동회를 포함하여 많은 동아리가 활동하고 있으며, 그 회합 때는 도요타 임원까지도 참석해서 친목과 우의를 다지는 곳도 적지 않다고 한다.

그러나 안타깝게도 일반 기업에서는 간접 경비 절감이라는 명분으로 QC 모임을 비롯한 여타 동아리 활동이 위축되어 온 게 사실이다. 그런 가운데 그 오프 더 잡 트레이닝을 소중하게 이끌어 가고 있는 도요타에 그 어떤 범접할 수 없는 힘을 느낀다.

3. 보이지 않는 벽을 제거하면 개선은 진전된다

계층과 직장 간의 의사소통은 원활한가?

계층과 직장 간의 원활한 의사소통은 현장 관리의 개선을 위한 가장 중요한 요소이다. 계층과 직장을 가로막고 있는 벽을 없애고 얼마나 의견을 잘 조율해서 문제점을 공유화할 수 있는가 하는 점은 매우 중요하다.

OJT 솔루션즈의 트레이너들에게 익숙하지 않은 작업자들과의 원활한 의사소통을 위해 휴식 시간과 식사 시간에 그들 사이로 파고 들어가 거기서 쌓은 신뢰를 바탕으로 개선 활동을 성공적으로 이끌어 나갔다는 것을 앞에서 말한 바 있다.

OJT 솔루션즈가 추진하는 도요타식 개선 활동을 성공으로 이끄는 핵심은 먼저 사내외의 계층과 직장 간 원활한 의사소통을 하는 데 있다.

어느 한 공장에서는 OJT 솔루션즈의 개선 활동을 그룹 전체에 확대시키기 위해 월 1회 전국 지방 공장의 현장 관리자와 품질 관리 책임자 등 수십 명을 불러서 개선 활동의 참관인으로 참여시키고 있다. 그러나 독자적으로 생산성 향상에 필사적인 노력을 해 온 지방 공장과 OJT 솔루션즈의 지도를 받고 있는 공장과의 벽은 두꺼워서 예전부터 좀처럼 원활한 의사소통이 이루어지고 있지 않았다. 어느 회사건 주력의 직영 공장과 지방 공장 사이에는 보이지 않는 벽이 가로놓인 것 같다.

하나의 벽이 생산성 저하의 걸림돌이었다!

　OJT 솔루션즈의 개선 활동을 함께 해 나가는 가운데 어느덧 "우와, 이런 것도 있었나?", "이것은 우리 공장에도 응용할 수 있겠는 걸."하는 정보 교환이 활발해지면서, 개선 활동 종료 후에도 직영 공장과 지방 공장과의 정보 교환과 인적 교류가 활발해졌다고 한다.

　그런 결과는 OJT 솔루션즈의 간부한테는 안도의 숨을 쉬게 하였다. 본래, 지방 공장의 관리자가 참여한다는 것은 효율적인 면과 동기 부여 측면 등 다방면에 걸쳐서 큰 위험이 도사리고 있다.

　그것이 기대 이상으로 공장 간의 의사소통을 활성화해서 계층과 직장 간의 벽을 허물어 준 것이다.

　또 다른 공장에서는 개선 활동을 지속하는 프로젝트 구성원의 제안으로 같은 층의 제조 부서와 관리 부서를 가로막고 있는 '실제의 벽'을 허물자는 의견도 나왔다.

　같은 층에서 똑같은 생산성 향상에 도전하고 있는 동료 사이에 물리적인 벽이 가로막아 원활한 의사소통을 방해해 오히려 생산성 향상에 역행한다는 설득력 있는 의견을 제시한 것이다. 하나의 칸막이를 회사의 생산성을 저하하는 걸림돌로 본 것이다.

　그것을 OJT 솔루션즈의 트레이너에 제안하면서 "바로 없애자!"로 되어 행동으로까지 이어졌다. 그렇게 해서 OJT 솔루션즈에서 배운 개선 활동의 정보 교환을 같은 층에서 활발하게 전개할 수 있게 되었다. 그것도 하나의 개선 활동의 성과라 할 수 있을 것이다.

벽을 제거했더니 보이지 않는 벽도 사라졌다

계층과 직장 간의 벽을 없애고 활발한 의사소통이 이루어지는 가운데 OJT 솔루션즈의 개선 활동은 점점 더 활기를 띠게 되었다.

같은 회사 안에서 만드는 사람, 파는 사람, 관리하는 사람 사이에 보이지 않는 벽이 있으면 그 회사가 잘될 리 없다. 그리되지 않도록 계층과 직장 간의 벽을 허물고 그 틈을 얼마나 잘 메울 수 있는지는 매우 중요하다. 서로 틈이 메워지면 하나의 문제점을 공유하면서 해결하기가 수월하다.

그러한 벽을 없애는 데 성공한 공장에서는 현재 OJT 솔루션즈의 지도로 폐기물과 폐기량 줄이는 것을 또 다른 개선 활동의 주제로 삼아서 임하고 있다. 그런 큰 주제에 임하려면 생산 현장뿐만 아니라 공장 전체 또는 회사 전체의 노력이 필요하다. 계층과 직장 간의 벽이 사라진 효과가 바로 그런 데서도 빛을 발하고 있다.

게다가, 벽이 없어짐으로 말미암아 관리 부문이나 물류 부문 그리고 영업 부문까지 OJT 솔루션즈식 개선 활동에 대한 도전도 본격적으로 시작되고 있다. 그것도 모두 제언 한 마디로 실제로 계층과 직장 간에 굳건히 버티고 있던 상징적인 벽을 없앰으로써 파생된 개선 효과의 하나이다.

트레이너들이 남기고 간 개선의 DNA

OJT 솔루션즈의 개선 프로젝트가 다른 컨설팅 회사의 지도와 크게 다른 것은 일시적인 효과로 끝나는 게 아니라는 점이다. 그것은 OJT 솔루션즈의 트레이너와 매일 함께하는 개선 활동을 통해서 고객 기업의 작업자가 개선의 DNA를 계속 지니고 있다는 점에서 확연하게 다르다.

OJT 솔루션즈의 트레이너들은 프로젝트 종료 후에도 고객 기업과 정신적으로 계속 연결되어 있다. 가끔 현장으로 트레이너가 불쑥 찾아오는 일은 그리 놀랄 만한 일이 아니다.

"우연히 마침 이 근처까지 왔다가."라는 말을 하지만 그것은 결코 '우연히'가 아니다. 트레이너는 평소에도 OJT 솔루션즈의 본사가 있는 나고야와 전국의 고객 기업 사이를 바쁘게 왔다 갔다 한다. 그들은 예전에 담당했던 현장의 개선 상황이 '그 후에' 어떻게 되어 가는지 꾸준한 관심을 두고 바쁜 일정 속에서도 일부러 시간을 내서 찾아다니고 있는 것이다.

"어떻습니까? 개선은 제대로 되어 갑니까?"

"네. 그런데 ○○는 좀 신경이 쓰이네요."

"○○가요? 아, 그것은 이렇게 생각해 보면 어떨까요?"

그런 지극히 짧은 대화가 경영자도 모르는 사이에 프로젝트 종료 후에도 은근하게 이루어지고 있다.

수석 트레이너인 나카무라도 예전에 담당했던 공장을 방문해 보고 그 회사 나름의 독자적인 연구를 거듭한 새로운 개선 활동이 이루어지는 것을 보고 입을 다물지 못했다고 한다.

"기분 참 좋았습니다. 우리가 남기고 간 개선의 DNA가 현장에서 확실하게 뿌리내리고 있는 것 같은 느낌이 들어서……."

OJT 솔루션즈의 개선 활동은 도요타 생산방식을 '이론 강의'만으로 다룬 것이 아니라 고객 기업의 현장에 깊숙이 파고 들어가 그 안에서 함께 개선해 나가는 것을 목표로 삼고 있었다. 즉, 세계 최강의 도요타 생산방식의 DNA는 OJT 솔루션즈 트레이너의 손을 거쳐서 그 기업의 독자적인 생산방식으로 새롭게 태어나 개선 활동 현장에 뿌리내리고 있다.

그러한 개선 효과가 국내의 다른 제조 현장으로 퍼져 나가면 세계에 자랑할 만한 '제품 생산의 일등국 일본'의 생산 현장은 다시 한 번 되살아날 것이다.

Epilogue

도요타 생산방식을 뛰어넘는 날

개선 의뢰 쇄도로 '저스트 인 타임(JIT)'으로 대응하지 못하다?

2004년 4월로 설립 2년째를 맞이한 OJT 솔루션즈는 도요타 생산방식을 바탕으로 한 OJTS 방식의 개선 지도를 요구하는 의뢰가 전국의 중소 제조업으로부터 쇄도하고 있다. 그것도 최근에는 식품 회사가 점점 많아지고 있으며 또한 대기업 중견 종합 건설 회사로부터 "현장을 보고 개선해 주었으면 한다!"라는 신청도 끊이지 않는다. 그에 대해, OJT 솔루션즈 간부는 다음과 같이 말하고 있다.

"자동차 만드는 비결이 그 정도로 다른 업종의 생산 현장에 응용할 수 있을 것이라고는 생각지도 못했습니다."

지금까지 OJT 솔루션즈가 개선 활동을 시행해 온 고객 기업은 약 50여 사(社)가 넘는다. 반도체, 전기 기기, 플라스틱, 사무 용품, 식품, 인쇄, 섬유, 약품 그리고 금융에까지 이르는 다양한 업종으로 항상 20여 사 이상의 프로젝트가 전국에서 동시 진행 중이다. 그 때문에, OJT 솔루션즈에 신청부터 프로젝트 시작까지 6개월 이상 기다려야 하는 상황이 다반사다. 아직도 어려운 경영 환경이 계속되는 상황이라 일감은 끊임없이 계속 밀려들고 있지만 그렇게 기뻐하고만 있을 수 있는 상황은 아니다.

'저스트 인 타임(JIT)'이라는 큰 간판을 내걸고 개선 활동을 지도하는 OJT 솔루션즈로서는 주문이 쇄도하는 데 일일이 다 응대해 주지 못하는 것을 몹시 안타까워하고 있다.

도요타 생산방식은, 고객의 요구에 맞춘 생산 계획을 세워서

'과잉 낭비'나 '결함 있는 제품의 낭비'가 나오지 않도록 철저한 생산 체제를 갖춘 시스템인데 그것이 그 정도의 반향을 불러일으킬 줄은 미처 몰랐다며 OJT 솔루션즈의 간부도 당혹감을 감추지 못했다. 공전의 원유가 상승의 영향으로 미국 시장에서 하이브리드 자동차 '프리우스'의 주문을 수만 대 받아 필사적인 증산을 계속하는 도요타 자동차이지만, 그 모회사와 똑같은 '즐거운 비명'을 지르는 OJT 솔루션즈 사업의 장래성을 에필로그에서 살펴보고자 한다.

금융기관까지 개선을 의뢰

앞에서도 다뤘지만 OJT 솔루션즈의 개선 활동은 현재 제조업 현장을 중심으로 이루어지고 있는데 여러 기업으로부터 "관리 부문이나 영업 부문에도 응용할 수 없는가?"라는 문의가 끊이지 않고 있다. 그러한 흐름을 이어받아 최근에는 중부 지방에 기반을 둔 어느 대규모 금융기관의 개선 활동에도 임하기 시작했다. 그에 관해 나카무라 수석 트레이너는 다음과 같이 말하고 있다.

"금융기관도 어떤 의미로는 제품을 만드는 기업입니다. 서류 한 장을 만드는 데도 시간 관리와 사람의 관리가 필요합니다. 금융기관의 현장 진단 때, 공수 관리의 항목을 노동 시간 관리로 바꿨는데 업체로부터 전혀 위화감 없다는 반응이 되돌아 왔습니다. 업종은 비록 다르지만 시스템을 제대로 만들어 그것을 잘 활용하면 효율이 오른다는 것은 어느 회사든 다르지 않습니␃

다. 그러한 의미에서 자동차 구조나 금융 구조나 별다른 차이는 없다고 생각합니다."

OJT 솔루션즈의 개선 활동에서 금융기관과 제조업을 같은 시각으로 보는 것이 흥미롭다. 확실히, 전표 한 장 작성하는 데도 사람과 시간 관리가 되어야 하며, 서류를 가지고 은행 안을 돌아다니거나 전표가 사람들 사이를 통과해 나가는 것도 여타 생산 현장과 다를 바 없다. 서류는 사람이 옮기고 있으며, 글자나 숫자를 입력하는 데도 시간은 든다. 그 때문에, OJT 솔루션즈의 개선 프로젝트에 앞서 행해지는 현장 진단 양식의 440항목을 거의 바꾸지 않아도 그 어디건 거의 통용되었다고 한다. 나카무라는, "실제로 현장에 가 보니, 예전부터 은행원들도 개선을 하고 싶어했던 것 같습니다. 그래서 '어떤 점이 어렵습니까?' 라든지 '어떤 식으로 바뀌었으면 합니까?' 라고 자세히 물을 수 있었습니다. 그러자 생각한 것 이상으로 좋은 개선 제안이 많이 나오더군요."라고 말한다.

은행의 본점과 지점을 잇는 PC 단말기, 현금자동지급기 (ATM), 고액의 현금을 입출금하는 입출금기 등 금융기관에는 다양한 기계가 도입되고 있다. 게다가 입출금 전표로부터 고객 자료까지 중요 서류에 둘러싸인 번잡한 직장 환경에는 5S(정리, 정돈, 청소, 청결, 습관화)가 필요하다.

자금이라고 하는 제품을 제조·운반·관리하는 금융기관도 제조 회사와 기본적으로 큰 차이는 없다. 금융기관의 가장 중요한 관리 체제인 방범 관리도 사람과 방범 시스템이 행하고 있는 이상, 사람과 기계의 시간 관리가 필요하다. 은행 내의 대량 현금 이동할 때 현금 운반차에 싣는 점은 생산 라인의 완성품 이동 공정과 전혀 다를 게 없다.

금융기관의 '1엔, 1전'의 오차를 허락하지 않는 자세도 제조 회사의 '1분, 1초'의 원가 관리와 같다. 게다가 도요타 생산방식이 철저히 하는 '고객 중심주의'도 금융기관의 자세와 공통점이 많다. 제조 회사의 생산 효율 개선 효과는 금융기관의 업무 순익 개선 효과와 같다. 접수부터 서류를 처리할 때까지의 처리 시간도 주문부터 생산까지 리드 타임의 시간 단축의 개선을 응용할 수 있다. 그러한 일련의 것들이 실제 현장에서 개선 지도를 하고 있는 OJT 솔루션즈의 트레이너한테도 신선한 놀라움이었다.

"예컨대, 카운터에서 뒷자리로 서류를 주는 동작에 굳이 한 발자국 뗄 필요가 있을까? 라는 문제점을 찾아냅니다. 손으로 전하려면 어떻게 개선하면 좋을까? 라는 개선은 제조업과 하등 다르지 않습니다."

다른 금융기관도 도입 검토를 시작하다

불량 채권 처리에 고민하거나 어려운 정리 해고를 단행해 온 많은 금융기관에서는 도요타식 "마른 수건도 쥐어짠다."라는 방식을 공감하는 곳이 많다. 그 때문에, 그 중부 지방의 금융기관뿐만 아니라 다른 금융기관도 도요타 생산방식을 본격적으로 도입해서 원가 절감하려는 움직임이 일어나고 있다.

게다가 2003년 4월에 공사화한 우정공사나 방위청에서도 이를 적극적으로 받아들이고 있다. 특히, 2005년 2월 17일에 개항 예정인 중부 국제공항 건설의 예산 7,680억 엔 중 약 2,200억 엔을 절감할 수 있었던 것도 도요타 출신 히라노 고헤이 사장의 철저한 도요타식 개선 효과의 좋은 예라고 할 수 있다. 도요타 간부는, "방위청이나 우정공사 나아가 중부 국제공항의 비용 절감에도 도요타 생산방식의 개선 효과가 도움이 되었습니다. 예컨대, 공항 건물의 디자인은 원형, 사각형, 삼각형처럼 단순한 게 좋습니다. 1조5천억 엔이나 들여서 만든 간사이(關西) 국제공항처럼 3차원의 기하학적인 디자인을 해 봤자 나중에 청소가 더 큰 일이지요(웃음)."라고 말한다.

실제 예에서도 알 수 있듯이 비제조업의 개선 문의도 급증하고 있다. OJT 솔루션즈 간부는 이렇게 말한다.

"금융 등 비제조업의 사무 개선 의뢰도 들어오고 있는 가운데 우리가 어디까지 손을 대야 하는가는 앞으로의 과제로 남아 있습니다. 일부 비제조업에도 현장 진단이라는 형태로 하고 있기는 하지만, 제조 현장과 비슷한 식품 슈퍼마켓의 음식 자재 부문이나 물류 상사의 배송 센터 등, 현재의 트레이너의 솔루션 능력을 명확하게 살릴 수 있는 곳은 당연히 적극적으로 해 나가야 한다고 생각합니다."

개중에는 "수주 예측도 해 주십시오.", "뭐든 좋으니 전부 개선해 주십시오."라고 떼쓰듯 막무가내로 나오는 기업도 있다고 한다. 그렇듯 의뢰가 쇄도하고 있는 한편으로는 OJT 솔루션즈가 아직 한 번도 접해 보지 못한 업종도 있다. '종합 건설 회사'도 그 중의 하나이다.

"종합 건설 회사의 개선 방식은 현재, 면밀하게 검토 중인데 아무래도 좀 더 시간이 걸릴 것 같습니다."(OJT 솔루션즈 간부)

"돌다리도 두들겨 보고 건너라."라는 속담이 있듯이 도요타는 설혹 쉽게 건너갈 수 있는 곳도 섣불리 건너지 않는다. 그것은, 새로운 개선 활동에 임하는 업종을 철저하게 연구해서 개선 시스템에 100% 자신이 서지 않으면 착수하지 않는 것이 도요타식이며, OJT 솔루션즈 또한 그러한 도요타의 DNA를 이어받았기 때문이다.

OJTS 개선 방식이 영업 활동에 엄청난 변혁을

현재, OJT 솔루션즈의 사업성을 점치는 가운데 가장 가능성이 큰 프로젝트가 표면에 드러나지 않고 수면 아래에서 조용히 진행되고 있다. 그것은 바로 '영업 부문의 개선 프로젝트'이다. 거액의 선전과 광고비, 교제비를 사용해서 일감을 따오는 영업 부문은 원래 비용 절감의 대상이 되기 어려운 직종이다. 그것은, 원재료를 가공해서 생산 관리, 품질 관리, 원가 관리, 현장 관리라는 엄격한 개선 항목을 거쳐서 완성품을 만들어 내는 제조 부문의 비용 의식과는 정 반대되는 부문이기 때문이다. 그러나 이미 OJT 솔루션즈는 그 영업 부문의 개선 활동의 모의실험에 들어가 있다. 그 기본적인 개념은 '영업 활동의 수치화'이다.

개선하기 위해서는 문제점을 찾아내야 한다. 그러려면 영업의 제반 활동을 수치화할 필요가 있다. 도요타에서 보면 공정 관리, 금융업에서 보면 노동 시간 관리에 해당하는 기본 자료가 수치화되지 않으면 영업 활동을 OJTS식으로 개선할 수 없다. 먼저, 영업 활동을 객관적으로 분석하기 위해 영업사원 두 사람이 한 조가 되어 영업 활동을 서로 세밀하게 평가하는 것부터 시작해야 한다. 파트너에게 영업 활동을 채점 받는 것이다.

그러나 어떤 기준으로 객관적으로 영업 파트너의 활동을 수치화할 수 있을지는 아직도 연구 단계에 있다. OJT 솔루션즈의 간부는, "제품은 혼자서는 만들 수 없습니다. 그래서 관리직에는 부하 직원을 통해서 성과를 내라는 지도를 하고 있습니다. 만약, 영업 부문에서도 '부하 직원을 통해서……'와 같이 할 수 있다면 여러 방법을 모색할 수 있을 것입니다. 그리고 사람과 기계의 시간 관리와 같은 개념으로 사람과 영업의 시간 관리가 된다면 꽤 재미있는 시스템이 되지 않을까 기대하고 있습니다."라고 말한다.

OJTS가 도요타 생산방식을 뛰어넘다

제품을 생산하지 않는 영업이지만 경비는 물 쓰듯 나가는 것이 많다. 그것을 어떻게 철저히 관리할지가 관건이다. 만약, 영업 경비를 관리할 수 있고 영업 활동을 수치화한 표준 영업을 구축할 수 있다면 획기적인 원가 절감의 효과를 기대할 수 있을 것이다. 그런 시스템이 완성되면 모든 기업의 영업 활동의 개선의 표준이 될 게 틀림없다.

"우리도 아직 파악해 보지 않았지만 고객 기업이 우리의 개선 활동으로 생산 부문의 기초적인 저력은 비약적으로 향상했는데 같은 회사의 다른 부문과의 연계성은 떨어지는 면도 있습니다. 어느 한 공장장한테 '당신들은 공장의 개선에 불붙여 놓고 공장 문제가 정리되면 다른 부문은 모른다고 내빼기만 할 것입니까?' 라는 지적도 받았습니다. 어떤 의미로는 고마운 지적이긴 한데 그런 말을 들어도 밸류 체인(가치 사슬)을 전체적으로 컨설팅할 수 있는 회사는 이 세상 그 어디에도 없을 것입니다." (OJT 솔루션즈 간부)

만약, 앞으로 수년 안에 OJT 솔루션즈가 '영업 자산'인 개인 수준의 고객 정보를 자료화해서 관리할 수 있다면, 지금까지 오랫동안 주머닛돈을 쌈짓돈처럼 쓰는 영업 경비의 문제점을 찾아내서 낭비를 없애는 근본적인 개선을 실현하게 된다면 과연 어떻게 될까?

그때야말로, OJT 솔루션즈의 개선 프로젝트는 생산 부문을 위해서 만들어진 '도요타 생산방식'에 기대는 일 없이 모든 업종에 응용할 수 있는 'OJTS 개선 방식'으로 스스로 확고한 지위를 확립할 수 있을 것이다.

맺음말

인간의 지혜는 무한하다. 하나하나의 문제점을 해결하면서 장애물을 높여 간다

- 조 후지오 도요타 자동차 사장에게 듣는다
'도요타 생산방식'에 감춰진 메시지 -

본서 집필의 근간이 된 것은 '프레지던트' 잡지에서 특집으로 낸 "전격 대공개! 도요타식 '낭비의 시각화' 프로그램(2004년 6월 14일 호)" 기사로, 그것은 엄청난 반향을 불러 일으켰다. 전국의 컨설턴트 관계자를 비롯해 OJT 솔루션즈 활동에 참여하고 있는 사람들한테 수많은 문의와 격려의 편지를 받았다. 그 기사의 큰 반향이 계기가 되어 좀 더 많은 기업인에 알리고 싶다는 생각으로 본서를 출판하게 되었다.

나고야에 본사를 둔 OJT 솔루션즈를 처음 취재한 지 벌써 일 년여가 지났다. 그동안, OJT 솔루션즈 관계자를 비롯해 나카무라 다케츠구 수석 트레이너와 그 이외 많은 OJT 솔루션즈의 트레이너, 그리고 OJT 솔루션즈의 개선 활동에 임하고 있는 많은 기업 관계자에게 다시 한 번 감사의 말을 전하고 싶다. 거의 60세에 가까운 트레이너들이 전국의 생산 현장에서 펼치는 '일본의 제조업을 되살아나게 하는 남자들의 장렬한 드라마'는 확실히 현지·현물주의만이 주는 박력이 있었다.

작년 2003년, 필자가 도요타 자동차의 조 후지오 사장을 인터뷰했을 때, 도요타라고 하는 기업의 저변에 흐르고 있는 속 깊은 인간성 존중의 따사로움이 나에게도 전해져 왔다. 젊은 시절의 조 사장이 도요타 생산방식을 낳은 고(故) 오노 다이치 전 도요타 자동차공업 부사장한테 직접 엄격한 훈련을 받은 소중한 경험은 경영자 조 후지오라는 사람 만들기에 얼마나 큰 공헌을 했는지 이루 다 말로 표현할 수 없을 것이다.

도요타에는 "물건을 만들기 이전에 사람을 만들어라."라는 격언이 있다. 세계 최고 품질의 자동차를 자랑하는 도요타의 비밀은, 조 사장을 비롯한 전 세계 22만 명의 도요타 사람이라고 하는 '사람 만들기'에 성공한 것은 아닐까?

그 조 사장의 인터뷰 기사('프레지던트' 2003년 5월 5일 호)를 요약해서 소개한다. 본서에 등장하는 OJT 솔루션즈의 도요타식 개선 프로젝트의 에센스는 이 인터뷰 안에 모두 응축되어 있기 때문이다.

도요타는, 세계의 '승리 기업'으로 평가되고 있는데 그러한 세상의 평가를 어떻게 생각하십니까?

조 : 최근, 많은 분으로부터 도요타는 '승리자'라는 칭찬의 소리를 듣는데 그런 말에 결코 우쭐대지 않도록 전 사원에게 일러두고 있습니다. 도요타가 여기까지 성장할 수 있던 것은 고객

을 비롯해 대리점, 협력 업체 등 도요타를 뒷받침해 주고 있는 분들의 덕분이기 때문입니다. 그런데 한 가지 안타까운 일은 "도요타 직원은 건방지다.", "너무 잘난 체한다."라는 말을 듣는데, 항상 '자신감과 긍지'를 갖는 것은 좋지만 그 이상으로 '겸허함'도 몸에 배었으면 합니다. 그 실적이라는 것도 엔 하락이나 미국 시장의 예상을 웃도는 호조에 의지한 부분도 있어 아직도 안팎으로 많은 과제를 안고 있습니다. 따라서 모든 분야에서 다시 한 번 단단히 구두끈을 매고 발밑을 단단히 굳혀서 과감한 개혁과 개선을 해 나가야 할 것입니다.

사장님께서는 평소 '건전한 위기의식'을 사내에 강조하고 계시던데요.

 조 : 어디까지 '건전한 위기의식'이 전개되어 갈지 모르지만 항상 도전해 나가는 것, 항상 문제의식을 갖고 높은 목표를 내거는 것, '고객 제일'의 원점으로 돌아가 고객에게 한 차원 더 높은 서비스를 해 나가려는 노력이 필요합니다. 그때 중요한 것은, 정정당당하게 정면에서 정통적으로 노력해 나가면서 항상 허들의 장대를 한 단계 높이 올려서 임하는 자세입니다. 그것은 우리 경영진의 책임이기도 해서 그것을 위한 경영 목표를 세워 달성도를 높여 나가야 합니다.

사장님께서 사장 취임 이후, 한결같이 '사람 만들기의 중요함'을 계속 말씀해 오셨습니다. 그 저변에 '물건 만들기 이전에 사람 만들기'라는 도요타의 전통적인 개념이 깃들어 있다 할 수 있겠군요.

조 : 그렇습니다. 다시 한 번 말씀드리면 도요타 자동차에 들어간 이후, 저는 정말로 여러 선배가 길러 준 것이나 다름없습니다. 항상 그 점에 감사하고 있지요. 신세를 진 여러 선배에게 제대로 답례할 기회가 없었는데, 지금 마침 사장이라는 자리에 있을 때 다음 세대를 담당하는 젊은 사람들을 키워나가는 것이 보답하는 길이라고 생각합니다. 젊은 세대의 사람들에게 도요타 방식이라고 하는 개념('지혜와 개선'과 '인간성 존중'을 기둥으로 한 도요타 경영의 신념과 가치관을 명문화한 것)의 대표되는 가치관이나 사물을 보는 견해와 사고방식을 전해 주어야 합니다.

사장님께서 요즘의 젊은 사원에게 가장 전하고 싶은 메시지는 무엇입니까?

조 : 가장이라고 한다면 곤란한데요(웃음). 역시, 회사가 성장해 온 발판인 가치관 확립과 사물을 보는 견해, 그리고 그 저변에 있는 '인간성 존중'과 '지혜의 발휘'를 전해 주고 싶습니다. "인간의 지혜는 무한하다."라고 나는 믿고 있습니다. 인간이 동물과 다른 점은 생각하는 능력을 갖추고 있다는 것입니다. 다소 어려워도 끝까지 스스로 지혜를 짜서 생각했으면 합니다. 젊은 사람들이 반드시 사물을 정면에서 받아들여서 지혜를 발휘해 극복해 주었으면 합니다.

그리고 인간성 존중은 그저 단지 상냥하게만 대하라는 것이 아닙니다. 실제의 인재교육에서는 엄격하게 단련하는 것도 필요합니다. "도전할 기회나 과제를 한 사람 한 사람의 부하 직원에게 부여한다.", "방법을 생각하게 한다." 그리고 "곤란할 때 서로 돕는다."가 중요합니다.

'공통의 가치관'을 갖게 함으로 곤란을 극복할 수 있게 되는 것이군요.

조 : 예컨대, "우리는 무엇을 위해서 이 일을 하고 있는가?"라는 생각에서부터 공통의 가치관이 생긴다고 생각합니다. 창업자인 도요타 사키치의 '산업보국'에도 있듯이 사회를 위해서 공헌하는 것이 도요타의 기업 사명입니다.

단지 돈만 벌면 좋다고 하는 것이 아닙니다. 산업을 일으켜서 사업을 활발하게 해서 거래처를 비롯해 모두가 번창해 나가자는 생각이 도요타의 인재육성의 저변에 깔려 있습니다. 엄청나게 돈벌이만 잘되도록 인재를 기르는 것은 큰 문제가 있습니다(웃음).

도요타 방식 안에는 현지·현물, 개선, 조직력이라는 핵심어가 들어 있는데 그것을 바탕으로 설계, 생산기술, 조달이라고 한 각각의 분야에서 노력하면 된다고 생각합니다.

스스로 엄격한 현지·현물주의를 부과해 임해라

사장님 자신이 직접 훈련을 받은 선배 가운데 '도요타 생산방식'을 고안해 낸 오노 다이치(전 도요타 자동차공업 부사장)와, 스즈무라 기쿠오(1만 도요타 자동차공업 생산 조달부 주사) 등이 있는데 그러한 대선배한테 배운 것을 한마디로 말씀하신다면.

조 : 그 또한 한마디로 말하기 곤란한데요(웃음). 오노는 내게 '작은 우주'와 같은 사람이었습니다. 모든 것에 반드시 대답이 돌아왔죠. 또 사물을 매우 깊게 생각하는 사람이었습니다. 일에 대한 마음가짐은 물론, 남자다운 삶도 배웠습니다. 도요타 생산방식을 배운 것은 물론이지만 '도요타 생산방식'을 시작하기 전의 사물에 대한 견해와 사고방식에 대한 가르침도 받았습니다.

"백문이 불여일견이다.", "백번 보는 것보다 한 번의 실행을 하라."라는 철저한 현지·현물주의의 사고방식도 오노이즘의 진수이군요.

조 : 그렇습니다. 예컨대, 밑에 사람한테 들은 것만으로 직접 현지·현물을 확인하지 않고 오노에게 보고했다가는 바로 들통나 버리죠(웃음). 그것은 곧, 보고만 들어도 현장을 직접 확인했는지 안 했는지 훤히 다 꿰뚫고 있다는 얘기죠. 그래서 "저 실은 현장은 아직……"이라고 했다가는 "이런 멍청이!"라고 바로 불호령이 떨어집니다(웃음). 그런 일을 경험하면 다음에는 자신이 제대로 이해하고 있지 않으면 무서워서라도 보고하지 못합니다.

그것은 지금의 나도 그렇다 할 수 있습니다. 사장인 나에게 올라오는 보고 중에 '이것은 좀 이상한데?'라는 생각이 드는 것이 있습니다. 그래서 담당자에게 "제대로 본 것인가?"라고 확인하면 아닌 것이 많죠. 그런 얄팍한 견해나 전해들은 말에만 의존한 보고는 반드시 발각되고 맙니다. 보면 금세 알죠.

만약 현장 정보가 경영진에게 잘못 보고되면 경영 판단에 큰 실수를 범할 수도 있겠군요.

　조 : 그렇다 할 수 있죠. 상사였던 스즈무라한테 내가 저지르고 있는 낭비나 잘못된 점을 자주 지적받곤 했습니다. 그러나 지적은 하되 절대로 어떻게 고쳐야 하는지는 가르쳐 주지 않았습니다. 문제점은 빨리 개선해야 합니다. 그러나 가르쳐 주지도 않으면서 제대로 되었나 다음날 아침 확인하러 오는 것입니다. 그것 정말 미치는 일입니다(웃음). 스즈무라는 자신한테도 매우 엄격하게 현지·현물주의를 부과하고 있는 것입니다. 먼저, "나쁜 점을 확인해라." 그다음에 "왜, 그렇게 되었을까 생각하라." 그리고 "원인을 알면 바로 고쳐라." 마지막으로 "제대로 고쳐졌는지 다시 한 번 더 자신의 눈으로 확인하라." 확인하고 나서야 비로소 그 방식을 옆으로 펼치는 것입니다.

　그리고 목표를 높게 세웁니다. 맨 처음에는 "이 공정을 바로 잡아라."부터 시작해 "이 생산 라인을 바로 잡아라." 한층 더 나가 "이 공장을 바로 잡아라." 마지막에는 "이 회사를 흑자로 만들어라."라는 식으로 문제점을 하나하나 해결하면서, 허들의 장애물을 한 단계씩 올리는 것입니다. 오노를 비롯한 여러 선배한테 웬만큼 단련 받아서 지금은 "그 적자 회사를 뜯어고쳐서 바로 잡아라."라는 말을 듣는다 해도 전혀 당황하지 않습니다(웃음).

도요타 배우기

초판 1쇄 발행 2006년 9월 29일
　　2쇄 발행 2008년 3월 6일

지은이 미즈시마 아이이치로
옮긴이 박승현
감역자 고상락

펴낸이 이웅녕
펴낸곳 리드리드출판(주)
출판등록 1978년 5월 15일(제13-19호)

주소 서울 마포구 도화동 544 고려빌딩
홈페이지 www.readlead.kr
이메일 we@readlead.kr
전화 (02) 719-1424
팩시밀리 (02) 719-1404

값 10,000원

ISBN 89-7277-240-2 13320

＊이 책을 무단으로 전재하거나 복제할 수 없습니다.